Cada día con
Napoleón Hill

Por Napoleón Hill

Prefacio de Judith Williamson

Una publicación autorizada de
la Fundación Napoleón Hill

CADA DÍA CON
NAPOLEÓN HILL

Publicado por:
La Fundación Napoléon Hill
P. O. Box 1277
Wise, Virginia USA 24293
Sitio Web: www.naphill.org
Dirección electrónica: napoleonhill@uvawise.edu

Centro Mundial de Enseñanza Napoleón Hill
Universidad Purdue Calumet
2300 173rd Street
Hammond, Indiana USA 46323
Dirección electrónica: nhf@purduecal.edu

Escrito por Napoléon Hill

Prologo de Judith Williamson, Directora del Centro Mundial de Enseñanza Napoleón Hill

Traducido al español por Luis Javier García Terán

ISBN: 978-0-9830008-3-9

PREFACIO

Como estudiante de la filosofía del Dr. Hill durante muchos años, sé que ésta trabaja mucho mejor cuando es observable y medible. Lo que significa que para alcanzar los resultados deseados, se debe seguir puntualmente un simple proceso de dos pasos que son: Paso 1 = Pensamiento + Paso 2 = Acción dándonos como resultado el Éxito.

No siempre es fácil tomar acciones, pero sin la acción de por medio no hay éxito. Reflexione en esto por un momento. Los grandes logros nunca se miden desde su acción más pequeña que se tuvo que llevar a cabo para su consecución. Sin embargo, cuando se emprende la acción más pequeña y se fomenta su crecimiento mediante el esfuerzo diario se va construyendo lo que culminará con el logro del éxito deseado.

Esta obra de pensamientos de Napoleón Hill va acompañada de acciones sugeridas que lo llevarán al éxito. Para ello le sugiero, que intente poniendo en prácticas algunas de ellas, mantenga un registro y observe el crecimiento de su éxito al seguir esas acciones. Sin la etapa de la acción, pierde la llave maestra que le abrirá la puerta a la realización de sus sueños.

Primero grafique su curso de acción, luego siga un plan para el viaje, y tercero, aborde el transporte que lo llevará a la consecución de sus logros!. Conforme progrese, podrá entonces evaluar aquellas acciones que mejor se adapten y trabajen en beneficio de usted.

Visualice este libro como si fuera el mapa para hallar un tesoro. Y así cuando llegue a su destino de igual manera encontrará como recompensa a sus esfuerzos el tesoro escondido del éxito.

Judith Williamson
Directora del Centro Mundial de Enseñanza Napoleón Hill
Purdue University Calumet

ENERO

1 DE ENERO

Las promociones rápidas no siempre son las más duraderas.

La mayoría de la gente que fracasa después de recibir una promoción, se debe principalmente a que no saben afrontar los retos que representa una nueva posición. Es perfectamente normal sentir inseguridad al asumir nuevas responsabilidades, después de todo, nunca se ha tenido antes esa nueva posición y raras veces se está debidamente preparado con antelación para ello. Es un hecho que cuando se recibe una promoción aún no se es competente para esa responsabilidad porque la promoción es la consecuencia de un potencial que han visto en ti y no porque se espere un rendimiento sin problemas desde un principio. Trabaja duro para que demuestres que la fe de tu jefe en ti estuvo plenamente justificada. Y convierte en tu prioridad número uno el hecho de llegar a ser tan eficiente como sea posible en tu nuevo puesto en el menor tiempo posible.

2 DE ENERO

**La amistad requiere de la demostración
frecuente para permanecer viva.**

Todos nosotros somos seres humanos con debilidades, fragilidades, e inseguridades. Cada uno de nosotros requerimos de ser valorados y apreciados por la unicidad que nos da ese carácter de individuos, y por ello necesitamos que nos digan que somos personas apreciadas. Mantener una amistad requiere de esfuerzos y expresión constante, tanto en palabras como en los hechos. Diles a tus amigos frecuentemente lo mucho que los aprecias. Ten en mente las ocasiones que son importantes para ellos. Felicítalos por sus logros. Y lo más importante, dales a conocer que tú estarás allí con él o ella siempre que te necesiten.

3 DE ENERO

Recuerda que todo aquel que recibe un reconocimiento o promoción, no es precisamente por su falta de disposición o actitud mental negativa sino por todo lo contrario.

Si examinas cuidadosamente cualquier organización bien administrada, encontrarás que la gente que es más exitosa son aquellos que se caracterizan por ser positivos y colaboradores, o sea, personas con disposición y motivación. Las gentes que ocupan las posiciones más altas de la empresa son casi siempre felices, entusiastas y con capacidad para transmitir y contagiar a los demás optimistamente. Pero también los hay que se caracterizan por siempre andar quejándose y buscando y encontrando escollos para aspirar a esas altas posiciones en una organización. No hay ninguna sola situación en la carrera profesional, en las relaciones con los demás, o en la vida personal, que se de cómo resultado de una actitud mental negativa. Esfuérzate por mejorar en tus áreas negativas y enfrenta siempre la vida desde una perspectiva positiva.

4 DE ENERO

La amistad significa reconocer las fallas en los amigos pero sin juzgarlos por ello.

La verdadera Amistad reconoce las imperfecciones, las acepta como parte de nuestra formación individual, y se centra en nuestros aspectos positivos en lugar de destacar los defectos que se pueden tener. A tus amigos no les gusta que comentes de sus fracasos al igual que a ti no te gustaría que te juzgaran negativamente. Por eso, cuando tus amigos estén desalentados o decepcionados de ellos mismos, una palabra de aliento funcionará mucho mejor que un sermón. Sé el tipo de amigo que a ellos les gustaría tener, escúchalos, aconséjalos solo cuando así te lo pidan, y atesora esa confianza que tus amigos han depositado en ti. No escatimes elogios para sus logros y aliéntalos cuando no logren sus objetivos, pero siempre evitando "las famosas criticas constructivas" o haciéndola del abogado del diablo. La mayoría de nosotros esperamos más de nosotros mismos que los demás, y somos dolorosamente conscientes de nuestras deficiencias. No necesitamos que nos lo recuerden.

5 DE ENERO

**Un buen equipo de futbol se basa más en la
coordinación armoniosa del esfuerzo colectivo que
en la habilidad individual de sus integrantes.**

El trabajo en equipo es "el esfuerzo cooperativo de todos los integrantes de un equipo para el logro de una meta común." Siendo las palabras clave en esta definición, "el esfuerzo cooperativo". Sin el apoyo de todo el grupo, ningún equipo puede durar mucho tiempo. Los jugadores de futbol aprenden rápidamente que ningún miembro del equipo puede sentirse la estrella en cada juego. La mayoría de los éxitos o momentos de gloria son el resultado de cada partido jugado con determinación, inteligencia, coraje y compromiso colectivo. Un equipo ganador es aquel en el que sus integrantes reconocen que cuando uno de los miembros es exitoso es porque todo el equipo lo es también. Y por el contrario, una formula segura para tener un equipo perdedor es crear un ambiente en el que sus integrantes compitan entre todos ellos para ver quien es el mejor, en lugar de competir contra el oponente. Cuando todos los integrantes dan lo mejor de si en cada jugada de un partido, quien triunfa es el equipo en su conjunto al igual que cada uno de sus integrantes.

6 DE ENERO

**Cuando le pides a otra persona hacer algo, esa acción
puede ayudar a ambos, a él y a ti, pero siempre y cuando
le digas lo que tiene que hacer, la razón por la que debe
hacerlo, el momento para hacerlo, el lugar en donde
realizarlo y la mejor forma de llevar a cabo esa acción.**

Todos nosotros estamos influenciados por nuestra experiencia y antecedentes. Percibimos las instrucciones en el contexto de nuestra educación, experiencia, herencia, cultura de nuestra organización, y muchas otras variables. Los buenos administradores saben esto muy bien y se aseguran que sus instrucciones sean claras, concisas, y bien entendidas. Ellos saben que caminan a través de una fina línea entre comunicar instrucciones en forma adecuada y matar motivacionalmente a sus trabajadores al no permitirles suficiente tiempo para hacer sus trabajos. Tú puedes equilibrar muy bien las acciones de dar instrucciones y motivar, simplemente incentivando a tus trabajadores a que participen en la fijación de objetivos para ellos mismos y sus grupos de trabajo, ayudándoles a desarrollar un plan para alcanzar dichos objetivos y asegurándote que cada uno de ellos entienda la misión del trabajo en equipo y el papel que juegan en el logro de esas metas. Cuando lo hagas sugiere que cada miembro de cada equipo de trabajo eventualmente reporte sus avances y de haber problemas encáuzalos por el camino correcto y anímalos hacia el éxito y triunfo individual y colectivo.

7 DE ENERO

Recuerda que el tono de tu voz frecuentemente comunica con mayor precisión lo que piensas que lo que expresas con palabras.

En un momento de conflicto, una sugerencia o compromiso pueden salvar una relación amenazante de trabajo. Un empleado desmotivado se puede motivar de nuevo con sólo algunas palabras cuidadosamente seleccionadas para tal efecto. En situaciones como éstas, un buen administrador puede ver más allá de una situación inmediata y actuar en consecuencia para preservar un futuro beneficio. Sin embargo, si tu voz comunica tu propio miedo, coraje, o desesperación, entonces, esa emoción, y no la sabiduría que ofreces, será lo que otros recuerden. Aquellos que llegan a las posiciones encumbradas de cualquier organización han aprendido a controlar sus emociones. Cuando tienes una posición de liderazgo, otros más estarán al pendiente de las señales que envíes o transmitas. Debes aprender a administrarte y controlar todas las formas que tengas para transmitir mensajes a los demás si es que quieres inspirarlos y demostrar que te preocupas por todos los demás miembros de tu equipo de trabajo.

8 DE ENERO

Existe armonía prácticamente en todo el universo excepto en las relaciones humanas

Nuestro universo se caracteriza por el orden y la armonía, incluso los seres humanos constantemente luchamos y nos esforzarnos por alcanzar lo mismo en nuestras relaciones humanas. De hecho, los seres humanos parecemos encontrar como algo no tan natural el acto de cooperar con los demás. Los individuos exitosos son aquellos que han aprendido a nadar contra corriente y hacen todo aquello que los demás no han estado dispuesto a realizar. Estas personas han aprendido como trabajar en grupo para beneficio de todo el equipo. Alcanzar la armonía en cualquier relación de negocios, o de tipo personal o profesional, requiere de trabajo. Es un hecho que se llega más lejos que los demás cuando se asume una actitud de armonía en las relaciones y una preocupación por todos los miembros de tu equipo.

9 DE ENERO

La fricción en una maquinaria se traduce en costos monetarios mientras que la fricción en las relaciones humanas empobrece tanto al espíritu como a la cuenta bancaria.

La discordia en toda relación a menudo tiene desagradables consecuencias financieras, pero es mucho más costosa en términos humanos. Cuando te involucras en una relación tortuosa, toda la energía física y mental que podría direccionarse hacia logros positivos se disipa inútilmente en actividades estresantes e improductivas. Por desgracia, cualquiera que sea la causa de una fricción entre personas, afecta negativamente a cada una de las partes involucradas. Por esa razón cuando te encuentras en una situación conflictiva, hay pocas alternativas posibles. Podrías resolver tus problemas o abandonar al equipo. Sólo tú sabes cual de ellas es la mejor solución, pero si evaluaras objetivamente tus razones encontrarías que el mejor curso de acción puede ser tragar tu orgullo y encontrar una solución que sea aceptable para todos los involucrados. Pero si te sientes incapaz de tomar esta decisión, quizás sea hora de dejar el equipo y buscar otro camino para el logro de tus objetivos.

10 DE ENERO

Cita tomada del Libro "Piense y hágase Rico" de Napoleón Hill

Ciertamente, "los pensamientos son cosas" y cosas muy poderosas cuando se mezclan con firmeza de propósito, perseverancia y un ardiente deseo de traducir todo ello en riqueza u otros objetos materiales

11 DE ENERO

Recuerda que se requiere por lo menos de dos personas para pelear

Es difícil recordar al calor de una discusión que se requieren dos para pelear. Es bueno tener en mente que nadie puede tener diferencias contigo mientras tú estés de acuerdo con esa otra persona. Esto no implica que debas comprometer tus principios. Es posible, sin embargo, apegarte a tus creencias mientras buscas simultáneamente un objetivo común que te permita trabajar productivamente con otros que pueden al principio estar en desacuerdo con tus ideas. Cuando los demás estén alterados contigo o lo estén con alguna situación que te involucre, comunícales que entiendes lo que ellos están sintiendo. Examina el problema desde el punto de vista de esa persona y pregúntate ¿Cual es el origen del conflicto? ¿Cómo pudiera ser resuelto de tal manera que satisfaga el acuerdo a ambas partes involucradas? ¿Cómo contribuí a que se diera este problema? Cuando tratas de encontrar soluciones en lugar de intentar buscar culpables, los demás casi siempre responden de la misma manera.

12 DE ENERO

La confianza mutua es el cimiento de toda relación humana satisfactoria

La mayoría de nosotros tenemos dos preguntas básicas acerca de los demás cuando entramos en una relación. Estas son: ¿Puedo confiar en ti? y ¿De verdad te preocupo? Dependiendo de nuestro éxito en relaciones previas con los demás –en cuestiones de negocios o personales- las respuestas a estas preguntas pueden llegar lentamente. La confianza mutua frecuentemente se desarrolla de manera gradual mientras exista el compromiso de ambas partes en lograr el éxito y felicidad. Aunque la confianza es el sustento de toda relación exitosa, también es frágil. Una relación que se haya mantenido sólidamente unida por meses e incluso años puede ser dañada irreparablemente con unas simples palabras hirientes o una actitud lastimosa por alguna de las partes. No te permitas actuar de prisa o perder el control de tus emociones en relaciones importantes.

13 DE ENERO

Un buen pescador es aquel que busca el tipo de carnada que el pescado realmente prefiere – y esto es algo que puede servir de ejemplo para aquellos que buscan tener éxito en las relaciones humanas

Así como en la conversación es buena idea escuchar más que hablar, es atinado en las relaciones pensar en el bienestar de los demás antes que pensar en los propios deseos y anhelos. Cuando luchas constantemente para tratar a los demás como te gustaría que te trataran, te conviertes en una persona que con gusto te aceptan en cualquier círculo, ganándote la confianza, respeto y lealtad de todos ellos. Cuando aprendes a manejar tus emociones y tu ego, y cuando aprendes a tener siempre consideración de las necesidades y deseos de los demás, es inevitable que "caigan en tu anzuelo" por tu amabilidad y consideración y atrapando más amigos de los que pudieras contar.

14 DE ENERO

Aquellos que fomentan el buen compañerismo entre los demás nunca les carecerán de amigos

Si tienes un amigo que antepone el fortalecimiento de la amistad entre los demás antes que sus propios intereses, considérate entonces afortunado de tenerlo. En nuestra sociedad actual caracterizada por el frenético ritmo de vida, dichas personas son raras de encontrar. Con las exigencias que a diario enfrentamos en nuestros trabajos, familias y entorno diario, muchos de nosotros carecemos de tiempo para nosotros mismos y mucho menos para nuestros amigos. Por eso sabemos que uno de los regalos más valiosos de nuestras vidas es agradecer el contar con una sincera amistad que se nos da de corazón

15 DE ENERO

Cita tomada del Libro "Piense y hágase Rico" de Napoleón Hill

Los psicólogos afirman correctamente que "cuando uno está dispuesto a hacer una cosa o emprender un proyecto, se nota hasta en el aspecto físico de la persona"

16 DE ENERO

Cuando tengas que interferir en las relaciones humanas, trata de ser un conciliador y te darás cuenta que no tendrás mucha competencia

Cuando tenemos que intervenir en conflictos de otras personas, la mayoría preferimos alejarnos de la situación que involucrarnos en ella. Si elegimos intervenir en el conflicto normalmente lo hacemos adoptando una posición en beneficio de una de las partes y en perjuicio de la otra. Por supuesto, tal comportamiento contribuye poco en resolver el problema y al contrario puede exacerbarlo. Cuando tu intervención sea un genuino intento de ayudar a resolver la disputa no te sorprendas si de pronto te ves solo en tal propósito. Es entendible porque somos individuos con una complejidad de sentimientos y emociones que no fácilmente logramos entender. En ocasiones el solo hecho de intervenir desinteresadamente es suficiente para resolver el conflicto. De cualquier modo, asegúrate que cuando eso ocurra no permitas que tu intervención cargue la balanza hacia alguno de los lados. En lugar de eso compromete tu participación a obtener una solución que satisfaga los intereses de ambas partes.

17 DE ENERO

Se puede tener poder ilimitado cuando dos o más gentes coordinan sus pensamientos y acciones en un espíritu de perfecta armonía para obtener un propósito definido

La alianza de una mente maestra implica la unión de dos o más gentes trabajando juntas en perfecta armonía hacia la obtención de un propósito común. Tal sociedad es capaz de crear un superpoder que permite a cada uno de ellos hacer mucho más de lo que podrían hacer cada uno individualmente. Elige a tu compañero o compañeros cuidadosamente para formar esta sociedad. Alinéate con personas cuyas fortalezas complementen tus propias fortalezas. Si eres, por ejemplo, una persona con el hemisferio izquierdo desarrollado puedes ser un perfecto contrapeso a las tendencias creativas de otros con el hemisferio derecho desarrollado. Sobre todo, escoge asociarte solamente con personas que compartan tus valores positivos y tu compromiso con niveles similares de logros.

18 DE ENERO

Edison fracasó 10,000 veces antes de perfeccionar la lámpara eléctrica incandescente. No te preocupes por fracasar una vez

El más grande inventor de América, Thomas Alva Edison tenía una extraordinaria percepción positiva de la vida que le ayudó a mejorar notablemente su capacidad como inventor. Cuando cualquier otro pudo haber abandonado fácilmente un proyecto que implicaba haber fracasado miles de veces en el intento de crear una lámpara eléctrica, el gran Edison simplemente aprendió de cada fallido experimento, preocupándose por eliminar las causas en cada fracaso hasta encontrar paulatinamente la solución hacia el objetivo deseado. Todos podemos aprender de esta perseverancia de Edison. Abundan historias de inventores que ante el fracaso recurrente prefirieron abandonar sus intentos, o, de mineros que en busca de oro y ante la imposibilidad de encontrarlo abandonaron sus excavaciones a tan solo unos cuantos metros de haberlo logrado si tan solo hubieran sido solo un poco más perseverantes. Hay pocos obstáculos en la vida que no sucumban ante la constancia, perseverancia sostenida y actitud positiva.

Cuando te desmotivas después de un fracaso, recuerda los 10,000 fracasos que tuvo Edison antes de encontrar la solución de lo que sería un invento que cambió al mundo.

19 DE ENERO

Toda persona promedio abandonaría todo intento de éxito ante el primer fracaso. Por eso es que existen tantos millones de personas promedio y solo un Edison.

Thomas Alva Edison alguna vez mencionó que la razón por la que la mayoría de las personas no saben identificar una oportunidad es porque ésta nos representa serias dificultades de trabajo. Edison sabía que cualquier cosa que vale la pena nunca llega fácilmente, porque si así fuera a cualquiera le llegaría de esa manera. Su persistencia de Edison le permitió ir más allá de lo que una persona promedio consideraría como razonable y racional, esto le permitió crear inventos que hasta para los más instruidos de su época parecían imposibles de lograr. Los grandes avances en el conocimiento humano lo logran aquellas gentes dotadas con una devoción casi fanática por encontrar la solución a los problemas. Los chispazos de inspiración por si solos no son suficientes para garantizar el éxito; debe haber también una actitud determinada y perseverante.

20 DE ENERO

Cita tomada del Libro "Piense y hágase Rico" de Napoleón Hill

Uno de los trucos a los que recurre la oportunidad es precisamente la de deslizarse por la puerta trasera y a menudo llegar disfrazada en forma de desgracia o derrota temporal y quizás esta sea la razón por la que muchas personas fracasan en reconocerla.

21 DE ENERO

Facilitarle la vida a los niños normalmente conduce a llevarlos a una vida difícil de adultos

Del Smith, el millonario presidente y fundador de "Evergreen International Aviation", frecuentemente solía decir, "Gracias a Dios que nací pobre porque eso me obligó a aprender a trabajar". Como muchos otros que han llegado a la cima por si solos, Smith cree que el regalo más grande que se le puede dar a un niño es enseñarle el valor del trabajo, por ser algo que nunca perderá ni le podrán robar. Un deseo natural de todo padre es proveerles a sus hijos con todo lo material de lo que ellos mismos de niños carecieron. Esa generosidad, sin embargo, frecuentemente priva a los hijos del regalo más grande que pueden recibir: la confianza en su capacidad para ser autosuficientes. No consentirlos para que conozcan el aspecto difícil de la vida, les ayuda a aprender el valor del trabajo, lo que a su vez se traducirá en una mayor expectativa de éxito en su vida adulta.

22 DE ENERO

A la mayoría de nosotros no nos importa que nos digan nuestros defectos siempre y cuando la critica sea lo suficientemente generosa para mezclarlos también con algunas de nuestras virtudes

Es una reacción normal defender nuestro comportamiento cuando alguien nos critica, incluso cuando secretamente reconocemos que lo que nos hayan dicho ha sido lo correcto. No obstante, quienes logran triunfar en la vida son aquellos que han aprendido a poner a un lado sus emociones y aprender de los demás, aún cuando el mensaje no sea de su agrado. Cuando sientas que los demás te evalúan, mentalízate para no tomar la crítica que te hagan como un ataque personal. Controla tu reacción emocional y adopta ideas útiles, aún si te desagrada la forma en que recibes el mensaje

23 DE ENERO

El éxito no requiere de explicación; en cambio los fracasos están pletóricos de excusas

La manera más segura de lograr aceptación en cualquier organización o en cualquier línea de trabajo es ser exitoso. Desafortunadamente, la vida no funciona de ese modo. No importa lo cuidadoso que seas para estudiar una carrera, lo racional que seas para tomar decisiones, o lo bien preparado que estés, siempre estarás expuesto a ocasionalmente cometer errores. Los seres humanos siempre los cometemos. Lo importante es darse cuenta que toda adversidad temporal no significa un fracaso permanente. La gente exitosa reconoce que todos en nuestras vidas experimentamos alguna vez esas adversidades que exigen de nosotros una valuación de nuestro desempeño para tomar acciones correctivas orientadas a conseguir el éxito deseado. Ellos saben que la adversidad nunca es permanente.

24 DE ENERO

Hay una gran diferencia entre el fracaso y la derrota temporal

El fracaso no existe a menos que se acepte como tal. Cada derrota es temporal excepto que se vuelva permanente cuando uno mismo se de por vencido. De hecho la derrota temporal frecuentemente nos fortalece y nos hace más capaces. Cada vez que intentamos y fracasamos, aprendemos algo que nos ayuda a prepararnos para un eventual éxito. Solamente en el salón de clases pareciera que hay una respuesta para cada problema. Si has intentado un método que no funciona, intenta algo más. Cuando veas la adversidad únicamente como una experiencia de aprendizaje, fácilmente tus éxitos superaran en número a tus fracasos.

25 DE ENERO

Cita tomada del Libro "Piense y hágase Rico" de Napoleón Hill

Antes de que el éxito llegue en la vida de un hombre, es seguro que ha de encontrarse con muchas derrotas temporales y quizás hasta con algún fracaso de importancia. Cuando la derrota abruma a un hombre, la actitud más lógica y más fácil es abandonar todo. Y eso es exactamente lo que hacen la mayoría de las personas.

26 DE ENERO

Siempre habrá oportunidad para tener un nuevo comienzo

Aunque este dicho no parezca ser verdad cuando te encuentras en un serio problema, no obstante nunca puedes perder dos de los valores más importantes que tienes. Que son el poder de tu mente y la libertad para usarlo. Una vez que tú recurres a ellos para entender y comprenderte mejor, puedes entonces comenzar a generar nuevos planes. Puedes no tener el mismo dinero que alguna vez tuviste, quizás no tengas las mismas amistades que ya se han ido, pero aún tendrás el beneficio de un universo que eventualmente recompensa siempre el esfuerzo honesto, lo mismo que la experiencia que ayuda a aprender de los errores para no cometerlos de nuevo.

27 DE ENERO

La mayoría de los fracasos pueden convertirse en éxitos cuando alguien pone de su parte un esfuerzo extra o resiste un poco más ante la adversidad

Cuando tienes el potencial para el éxito dentro de ti, la adversidad y las derrotas temporales únicamente ayudan a que logres alcanzar grandes alturas de éxito. Sin la adversidad de por medio, nunca desarrollarías las cualidades de confiabilidad, lealtad, humildad y perseverancia que son tan esenciales para mantener el éxito. Muchas personas han escapado de las mandíbulas de la derrota y alcanzado grandes triunfos simplemente porque no se permitieron a si mismo fracasar. Por eso cuando ves que todas tus rutas de escape estén cerradas, te sorprenderás de lo rápido que encontrarás la salida para seguir adelante en tus logros.

28 DE ENERO

El éxito atrae al éxito y el fracaso atrae al fracaso debido a la ley de la atracción armoniosa.

En la física, las cargas positivas atraen a las cargas negativas y viceversa, sin embargo, en las relaciones humanas ocurre lo contrario. Las personas negativas atraen sólo personas que también sean negativas, mientras que los que piensan positivamente atraen a las personas de ideas afines. Te sorprenderá encontrar que cuando comiences a lograr el éxito más y más éxito hallarás. Esta es la ley de la atracción armoniosa. Cuando las riquezas comiencen a llegar en tu camino, te sorprenderá lo rápido que se acumulan. Entrena tu mente a visualizarse en la obtención de una cantidad específica de riqueza o en el logro de una meta determinada - lo que más desees. Luego, utiliza la autosugestión para convencer a tu subconsciente de que puedes alcanzar tus metas, y pon tu plan en acción. Cuando se utilizan las herramientas que se tiene a la disposición para prepararse para el éxito y te visualizas como si ya hubiera alcanzado tus metas, entonces podrás alcanzar cualquier objetivo razonable que te hayas trazado desde un principio.

29 DE ENERO

Generalmente, quien trata de obtener algo a cambio de nada termina consiguiendo nada a cambio de algo

Aquellos que piensan que pueden salir adelante en la vida sin dar nada a cambio por todo lo que reciben, se hallarán de pronto trabajando más duro que nunca para engañar a los demás y obteniendo muy poco a cambio. La vida tiene una manera divertida de equilibrar todo. Por lo que tarde o temprano obtendrás la misma cantidad de lo que das en la vida. Dedica tu tiempo a esfuerzos productivos y positivos, brinda generosamente tu tiempo y talentos, y de este modo distínguete de los demás cuya meta primaria en la vida parece ser siempre la obtención de algo a cambio de nada.

30 DE ENERO

Cita tomada del Libro "Piense y hágase Rico" de Napoleón Hill

El fracaso es un bromista que posee un agudo sentido de la ironía. Le divierte colocar zancadillas justo cuando uno está a punto de alcanzar el éxito.

31 DE ENERO

¿No es curioso que algunas gentes son tan inteligentes para inventar pretextos y tan tontos para trabajar, que al actuar de ese modo, sus pretextos se vuelven inútiles?

Si las personas hicieran sus trabajos con la mitad del esfuerzo y creatividad que gastan en el intento vano de engañar a los demás, podrían alcanzar gran éxito en todo. A veces es tentador emular a aquellos que aparentemente sobreviven financieramente sin necesidad de trabajar muy duro, pero aquellos que engañan a la compañía en que laboran al no desquitar el salario que perciben tarde o temprano pagaran el precio. Estas gentes generalmente pagan con la pérdida de su posesión más valiosa: su reputación. El valor de una reputación por ser honesto e integro es la diferencia entre una carrera llena de promesas y una vida de fracasos.

FEBRERO

1 DE FEBRERO

Los errores de otros compañeros son una débil justificante para los que tú cometes

Ralph Waldo Emerson dijo: "Es fácil seguir viviendo en el mundo después de ser blanco de la opinión de los demás; y fácil vivir en soledad después de externar nuestras propias opiniones, pero aquella persona que es grande es aquella que en medio de la muchedumbre mantiene la dulzura de su independencia fuera de la soledad." Es fácil cuando eres parte de un grupo "en el que están juntos para llevarse bien" pero cuando eres capaz de mantener tus propios estándares altos de integridad, independientemente de lo que los demás hagan, estarás destinado a la grandeza. Cuando desarrollas una cuidadosa conducta personal, nunca tendrás que preguntar a nadie más el curso apropiado de las acciones porque intuitivamente eso ya lo sabes.

2 DE FEBRERO

El fracaso no es una fatalidad si has puesto sinceramente lo mejor de tu parte

Vivimos en un mundo competitivo que mide el éxito de ganadores y perdedores, y en el que cada victoria genera una pérdida de igual dimensión. Cuando una persona triunfa, parece lógico que alguien deba perder. En realidad, la única competencia que importa es aquella en la que compites contigo mismo. Cuando la norma de rendimiento se basa en ser el mejor, consigo mismo, el resultado será que nunca se pierde, al contrario, se está constantemente mejorando. Por eso, disciplínate a revisar tu rendimiento personal periódicamente. Cuando no logres tus objetivos, evalúa la situación y cuestiónate: "¿Hay algo que pude haber hecho para cambiar el resultado?". Si la respuesta es "no", y si estás satisfecho con que has puesto lo mejor de ti, entonces no pierdas tu tiempo aliviando el pasado. Simplemente aprende lo que puedas de tu propia experiencia, y luego entra en acción de nuevo. Si hacer lo mejor de ti se vuelve una costumbre, los fracasos temporales serán eso simplemente.

3 DE FEBRERO

Cuando no tienes un objetivo importante, andas a la deriva por la vida dirigiéndote al fracaso

No tener una meta en tu vida, es como tratar de navegar sin un mapa. Eventualmente podrás llegar al lugar que quieras, o puedes andar sin rumbo fijo, siempre esperanzado pero sin encontrar el lugar donde te gustaría estar. Mientras creces como persona, así crece también tu meta en la vida. Es natural que cuando llegas a la cima de una montaña siempre busques cimas más altas por escalar. En la vida, no importa si vas hacia adelante o retrocedes, lo importante es planear el logro de tus metas cuidadosa y reflexivamente, lo que garantizará que irás en la dirección correcta.

4 DE FEBRERO

Si no quieres que tu vida se convierta en un completo desorden, aléjate de aquellos que han convertido sus vidas en tal condición

Es una peculiaridad de las relaciones humanas el hecho de que es virtualmente imposible para un individuo el poder ejercer una influencia positiva duradera sobre los miembros de un grupo de gentes con mentes negativas. Sin embargo, normalmente esto sucede de manera contraria. Tú no puedes mantener una actitud productiva y positiva cuando pasas todo el tiempo con gentes negativas a tu alrededor. Aquellos que han echado a perder sus vidas (y normalmente culpan de su infortunio a los demás) no son el tipo de gentes que te ayudarán a alcanzar el éxito en tu vida. Por ello, elige bien a tus amigos y compañeros, y evita quejarte de tu trabajo o tus amistades. Pasa el mayor tiempo posible con gentes positivas y ambiciosas que tengan un plan especifico para llevar a cabo en sus propias vidas. Al hacerlo encontrarás que su optimismo es contagioso

5 DE FEBRERO

Cita tomada del Libro "Piense y hágase Rico" de Napoleón Hill

Una buena idea, una idea que tenga profundidad, es todo cuanto uno necesita para alcanzar el éxito. Cuando las riquezas comienzan a llegar lo hacen tan rápidamente, y con tal abundancia, que uno se pregunta donde han estado ocultas todos estos años.

6 DE FEBRERO

Recuerda que todas las fallas de la raza humana se distribuyen y aplican equitativamente entre todos nosotros

Alguna vez te has preguntado ¿por qué razón fácilmente pasamos por alto nuestros propios errores pero nos fijamos oportunamente en los errores de los demás? Es fácil ser objetivos cuando se trata de criticar a nuestros amigos, familiares, y compañeros de trabajo., pero es mucho más difícil ser honestos acerca de nuestras propias deficiencias y defectos. Únicamente cuando reconocemos que todos somos seres humanos, con las mismas fallas y fracasos, es cuando empezamos a desarrollar la maravillosa cualidad de la tolerancia, lo que a su vez nos permitirá aceptar a los demás como son sin pedir nada a cambio. Sustituir el hábito de buscar fallas por el hábito de buscar cosas buenas en los demás nunca es fácil. Pero cuando te conviertes en una persona que siempre ve lo bueno en vez de criticar, a partir de ese momento llegas a ser el tipo de amigo que todo mundo quiere tener.

7 DE FEBRERO

La autocompasión es un narcótico

El problema más insidioso con las drogas es que el cuerpo humano desarrolla una tolerancia a ellos y cada vez más requiere de dosis mayores para lograr el mismo efecto. Lo mismo es válido en el caso de la autocompasión, entre más sucumbas a él, más pronto requerirás de esta adicción, convirtiéndose en un hábito tan desgastante que te robará todo el potencial que posees. Por fortuna, hay una cura. Si analizas realmente la situación, te darás cuenta que la mayoría de los problemas que te han llevado a compadecerte de ti mismo son consecuencia de tus propios actos. Por lo tanto, esta problemática situación sólo tú eres quien lo puede remediar.

8 DE FEBRERO

El hombre sabio es aquel que sopesa sus fallas más a fondo que sus virtudes; y los tontos son aquellos que hacen todo lo contrario

Todo nosotros tenemos en nuestro interior el potencial necesario para ser exitosos o fracasar. Ambas posibilidades son parte innata de nuestro carácter. Que podamos llegar hasta las estrellas o nos hundamos en la desesperanza depende en gran medida de la manera en que manejemos nuestro potencial negativo y positivo. Cuando nos preocupamos de nuestras virtudes estas se multiplican incontrolablemente. Lo contrario ocurre cuando hablamos de los fracasos. Cuando no te ocupas de ellos se reproducen hasta aniquilar tus buenas cualidades. Por eso la forma más segura de controlar tus fallas es atacarlas desde el momento en que aparezcan.

9 DE FEBRERO

El fracaso se vuelve una bendición cuando nos expulsa de la comodidad de la autosatisfacción y nos obliga a hacer algo útil

Si analizaras cuidadosamente tu propia vida y la vida de los triunfadores a quien tú admiras, seguramente descubrirías que tus más grandes oportunidades de éxito frecuentemente aparecieron precisamente durante los tiempos de mayor adversidad. Solamente cuando te topas con la posibilidad de fracasar es cuando estás dispuesto a llevar a cabo un cambio radical y correr los riesgos que conducen al éxito. Cuando experimentas fracasos temporales y estás consciente de que solo es temporal, entonces podrás capitalizar esas oportunidades que la adversidad siempre trae consigo.

10 DE FEBRERO

Cita tomada del Libro "Piense y hágase Rico" de Napoleón Hill

Cuando comiences a meditar y convertirte en una persona rica, observarás que la riqueza empieza por un estado mental en el que prevalece la determinación de propósito, con muy poco trabajo o ninguno. Y en ese momento debes interesarte por saber como adquirir ese estado mental que atrae a las riquezas.

11 DE FEBRERO

Tu fracaso lo puedes convertir en un acierto siempre y cuando sepas la razón por la que fallaste

Son pocos los momentos en nuestro breve paso por la vida en los que la mayoría de nosotros experimentamos esos grandes momentos de visualizar nuestro interior y reflexionar sobre nuestra verdadera realidad. Esos grandes momentos pueden ser determinantes para cambiar por siempre el curso de nuestras vidas. Esos grandes momentos por lo general vienen precedidos de grandes fracasos en nuestras vidas y no de éxitos espectaculares. Es a partir de esos fracasos vividos que logramos aprender las lecciones más duraderas. Cuando seas el receptor involuntario de uno de estos momentos, extrae las lecciones útiles y a continuación deja los episodios malos detrás de ti. Aprende de tus errores, olvídate de ellos, y pasa a cosas mejores en tu vida personal.

12 DE FEBRERO

Si no sabes por qué fracasaste, entonces no eres mejor que cuando comenzaste

Hay un viejo dicho que afirma que quienes se niegan a aprender de la historia están condenados a repetirla. Lo mismo sucede con nuestros fracasos. A menos que aprendamos de nuestros errores, no existirá la posibilidad de repetirlas, o de lo contrario estaremos destinados a rendirnos y aceptar la derrota como un permanente fracaso. Cada adversidad que encontramos en la vida contiene una valiosa información que, si lo estudias detenidamente, con el tiempo te llevará al éxito. Sin adversidades, nunca desarrollarás la sabiduría, y sin la sabiduría, el éxito será de corta duración realmente. Cuando cometas un error, cuestiónate: "Que malo que me pasó esto, pero que bueno que aprendí del mismo para tratar de no volverlo a cometer más". Sin duda cometerás otros errores, pero sus efectos no serán tan lastimosos y dañinos cuando los tratas como experiencias de aprendizaje.

13 DE FEBRERO

Antes de que la oportunidad del éxito llegue a ti, normalmente tu temple se pone a prueba a través de la adversidad

La adversidad dota a las personas de la resistencia necesaria para desarrollar la fortaleza que se requiere para superar los grandes obstáculos. Esta fortaleza se forma con base en la autoconfianza, la perseverancia, y, muy importantemente de la autorrealización. Quizás has sido presuroso al juzgar a un competidor, o muy tímido en tu visión de lo que se requiere hacer ante un contratiempo en tu camino. Deja que la adversidad te guíe al entendimiento de tus errores cometidos y de las cualidades que requieres cultivar. Nadie se regocija ante una desilusión, pero si eres una persona consciente del éxito, podrás transformar esas situaciones en una oportunidad para mejorar tu carácter, o sea, una oportunidad que de no ser por la adversidad jamás se te hubiera presentado.

14 DE FEBRERO

Cuando la adversidad te supere, vale la pena ser agradecido de que esa mala experiencia no haya sido peor, en vez de lamentarte por tu infortunio

En la vida no todas las cosas son tan malas como aparentaban ser desde el principio. Enfrentar a la adversidad implica analizar y aceptar tu situación tal y como es. Cuando te das cuenta que las cosas no son ni cercanamente tan malas como aparentaban ser, das el primer paso para enfrentar el problema. En la vida es un hecho que nunca puedes cargar más peso de lo que puedes soportar, y que ayuda mucho y te hace sentir mejor poder sacrificar parte de tu tiempo para ayudar a aquellos que son menos afortunados de lo que tú eres.

15 DE FEBRERO

Cita tomada del Libro "Piense y hágase Rico" de Napoleón Hill

Una de las debilidades de la humanidad es la normal familiaridad del hombre con la palabra imposible. El hombre conoce todas las reglas que no surtirán efecto. Conoce todas las cosas que no se pueden hacer. Por lo que tú debes emprender todo proyecto con una mentalidad contraria a la del hombre "normal".

16 DE FEBRERO

No culpes a los niños cuando sean mal portados, culpa a quienes fallaron en su disciplina

Ralph Waldo Emerson alguna vez hizo la observación, "Nuestra principal necesidad en la vida es que alguien haga por nosotros lo que normalmente no podemos hacer". Aunque los niños indudablemente no lo reconocen en su momento, ellos requieren de disciplina, particularmente durante sus años formativos. La disciplina define los límites para ellos, les provee seguridad, y es una expresión activa del amor de los padres. Y lo más importante, los prepara para los desafíos a enfrentar en su vida adulta. Si tu niñez fue menos que perfecta, entonces estás en buena compañía. La mayoría de nosotros hemos experimentado dificultades en uno u otro momento, y todos cometemos errores de vez en cuando. La buena noticia es que si bien es cierto que el ambiente que viviste durante tu infancia tiene una profunda influencia en la persona que llegas a ser de adulto, no obstante, no es el único factor determinante. La persona que quieras ser dependerá por completo de ti mismo. Por lo que tú únicamente puedes decidir en quien y en qué quieres convertirte de adulto.

17 DE FEBRERO

Si la vida te entrega un limón, no te quejes, en lugar de eso haz limonada y véndela a aquellos que están sedientos de quejarse

Wally Amos, el hombre a quien muchos consideran el padre de la industria galletera, llegó a convertir limones en limonadas tan frecuentemente en su vida, que en su retrato oficial lo puedes ver sosteniendo una jarra en una de sus manos y un vaso con limonada en la otra. Amos, un hombre siempre optimista, se negaba a reconocer que los obstáculos fueran algo más que simples piedras en el camino para lograr el éxito. En una carrera que abarca varias décadas, este gran personaje llegó a la cima del éxito varias veces, únicamente para perder todo y comenzar de nuevo desde cero. Sin embargo, nunca perdió la fe. Él aconsejaba: "Tienes que dejar correr libremente tu fe y confianza y no agonizar. No desperdicies tu tiempo preocupándote. La preocupación te impide prepararte. Analiza la situación y enfócate en las soluciones. Siempre hay una respuesta y solución."

18 DE FEBRERO

Un pacificador siempre se prestigiará más que un agitador

En nuestra sociedad de hoy en donde "todo es negociable", estamos constantemente bombardeados con mensajes que nos dicen que tenemos lo que exigimos, y no lo que nos merecemos. Algunas veces puedes lograr el éxito de manera temporal al exigir más de lo que realmente mereces pero esa condición generalmente no dura mucho tiempo. Las acciones "llamativas y efectistas" inicialmente puede recibir la mayor atención, pero al final las acciones justas son las que realmente perdurarán. Es fácil generar problemas y disentir de los demás, pero muy difícil es ser capaz de guiar a otros en un espíritu de cooperación y armonía. ¿De estás dos personalidades cual crees que es más valiosa para una organización? Las mayores recompensas en la vida, tanto financieras como personales, siempre estarán ligadas a quienes optan por la cooperación y no por el desacuerdo.

19 DE FEBRERO

Recuerda que todo esfuerzo por preocuparte por los demás tiene su recompensa tarde o temprano

Cuando realizas una acción en perjuicio o beneficio de alguien más, esas gentes responderán de la misma manera. Si eres una persona amable y decente, lo que puedes esperar a cambio es ser bien tratado. Pero si por el contrario utilizas a otros para tu propio beneficio sin dar nada a cambio, pronto verás resultados desalentadores para ti. A la gente le gusta trabajar con gente positiva y atenta. Comienza desde ahora a desarrollar el hábito de ir la milla extra y esforzarte más.

20 DE FEBRERO

Cita tomada del Libro "Piense y hágase Rico" de Napoleón Hill

El éxito lo obtienen aquellos que están seguros de lograrlo, mientras que el fracaso abruma a todos aquellos que indiferentemente se dejan aplastar por el desfallecimiento.

21 DE FEBRERO

Únicamente aquellos que tienen el hábito de ir más allá de la milla extra logran encontrar el final del arcoíris

Es un hecho que la mayoría de nosotros fracasamos muchas veces antes de alcanzar el nivel de éxito que deseamos. Puede que recorras esa milla extra de esfuerzo muchas veces solo para toparte con desilusiones al final del arcoíris. Pero dejar de intentarlo te privará de las grandes riquezas que te esperan al no renunciar a tu esfuerzo. Un compromiso superficial para hacer tu máximo esfuerzo, condicionado a esperar a recibir algo a cambio, no te ayudará a mantenerte en el camino de tu objetivo a largo plazo. Los grandes resultados son producto de un compromiso por hacer las cosas de manera correcta sin importar las consecuencias, y ese compromiso finalmente te guiará hasta la meta deseada al final del arcoíris.

22 DE FEBRERO

Cada vez que tú influyes en otra persona para hacer un mejor trabajo, beneficias a esa persona y aumentas tu valor

Alguien alguna vez dijo que nadie puede realmente motivar a alguien más, todo lo que podemos hacer es motivarnos a nosotros mismos y esperar los resultados. Probablemente nunca sepas lo mucho que puedes influir en los demás con tu comportamiento. Siempre que recorres esa milla extra podrás influir en aquellos que están dentro de tu círculo de amistades, conocidos, familiares, compañeros de trabajo, e incluso en tus jefes para que hagan un mejor trabajo del que habían hecho hasta entonces. Esa valorización de ti mismo y de los demás en tu alrededor mejora notablemente por tu capacidad para influir en los demás a que sean más felices y más productivos. No hay topes de salario o limites de desarrollo profesional para aquellos que pueden guiar a los demás hacia mayores alturas de éxito. Esas gentes son simplemente muy valiosas.

23 DE FEBRERO

No puedes caerle bien a toda la gente, pero si puedes caer en el error de darles suficientes motivos para que no les simpatices

Incluso la gente más popular tiene sus detractores. Porque todos nosotros somos diferentes, con diferentes intereses y personalidades, es por lo que es simplemente imposible para cualquiera simpatizarle a cada persona o individuo que conocemos. Si tu misión en la vida es caerle bien a todo mundo, el desengaño siempre estará latente en tu andar. Pero si eres siempre amable y considerado con los demás, quizás no les caigas bien pero será imposible para ellos que te consideren una persona desagradable. Tú puedes cimentar tus relaciones con los demás asegurándote de ser una persona de carácter, prediciblemente honesta, sincera y ética. Cuando sigues ese código de conducta, tal vez pudieras no simpatizarle a algunas gentes que no compartan esos valores, sin embargo, serás respetado por todos los que te conocen. Y al final, el autorespeto significará mucho más para ti que la simple popularidad.

24 DE FEBRERO

El trabajo más importante es aquel en el que aprendes como negociar con los demás sin fricciones

Los expertos en negociaciones manejan el proceso tan delicadamente que raramente dan pie a discusiones durante el proceso. Mientras que la palabra negociación por si misma nos remite visualmente a imágenes de adversarios golpeando la mesa para enfatizar sus exigencias, lo cierto es que los mejores resultados se alcanzan cuando todas las partes involucradas son capaces de ponerse en los zapatos de la otra "parte" para llegar a un acuerdo que sea benéfico para todos. Lo mismo aplica si vas a negociar un aumento de salario, un nuevo empleo, o la adquisición de una nueva empresa, tus oportunidades de tener éxito serán mucho mayores cuando abordes el asunto positivamente y con un claro objetivo en mente. También ayuda entender los motivos que mueven a los demás involucrados y tener un conocimiento profundo del tema en discusión. Finalmente, cuando negocies enfócate en cada tópico con amplio criterio y no simplemente tratando de influir en los demás para aceptar tus propuestas o puntos de vista.

25 DE FEBRERO

Cita tomada del Libro "Piense y hágase Rico" de Napoleón Hill

Cuanto más trabajes siguiendo la correcta dirección hacia tus logros, más cerca te hallarás de consolidar tus metas y hacer realidad tus sueños. No olvides que demasiados hombres abandonan su propósito justo cuando están a punto de alcanzar sus metas. Y dejan así el camino libre para que otros lo logren más fácilmente.

26 DE FEBRERO

Recuerda que obligas a los demás a corresponderte de igual manera, cuando eres amable y considerado

Una característica humana muy básica es la de corresponder a los demás de la misma manera que nos tratan. Nuestras acciones generosas para con los demás siempre se devuelven a nuestro favor tarde o temprano y especialmente provienen de fuentes inesperadas cuando más necesitamos de ayuda. La amabilidad y cortesía que dispensamos a los demás no tienen que ser grandes y costosos. Una palabra amable, un saludo amistoso, o una simple ayuda en un proyecto o trabajo permiten saber a los demás que te preocupas lo suficiente por ellos en echarles la mano. Al ayudar a otros con alegría y entusiasmo, sin pedir nada a cambio, obligas a esas personas a quedar en deuda contigo por efecto de la ley de la compensación. De este modo, has hecho un amigo que a partir de ese momento estará interesado en tu éxito.

27 DE FEBRERO

Aquellos que hacen más de lo que reciben como pago, tarde o temprano son recompensados con más de lo que merecen

Si constantemente haces más de lo que recibes en pago -ya sea como profesional, ejecutivo, obrero o empresario- eventualmente te llegará la recompensa y hasta por más de lo que normalmente haces. Cuando te preocupas en proporcionar un mejor servicio a aquellos que te rodean, sientas un excelente precedente para que los clientes te busquen y para que tu jefe te considere irremplazable. Con la escasez actual de buenos servicios en el mundo de hoy, puedes instantáneamente diferenciarte de la competencia simplemente por el solo hecho de proporcionar un buen servicio.

28 DE FEBRERO

Comenzar a recorrer la milla extra significa más oportunidades para ti

Recorrer la milla extra puede darte lucidez y buena reputación, y ambas te llevan a la oportunidad. Muchas oportunidades las encuentras en lugares donde nadie más se ha molestado por indagar. Cuando pones un esfuerzo extra para elaborar un buen proyecto, o cuando conoces tu equipo de trabajo mejor que nadie más en tu turno, verás cosas que los demás pasan por alto y estarás en posición de aprovechar esas circunstancias. Cuando los lideres necesitan que un trabajo se haga, piensan primero en aquellos que lo hacen bien. Si los demás te respetan por la cantidad y cualidad de tu trabajo, entonces verás que superas muy fácilmente a aquellos que ven a sus empleos como algo aburrido y pesado. Por ese servicio extra que has ofrecido, la recompensa llega de manera amplia y espontánea en forma de oportunidades que los demás nunca aprovecharon.

MARZO

1 DE MARZO

No obligues a los demás a hacer algo sin antes poner tu mismo el ejemplo

Los buenos oficiales guían mediante el ejemplo y se aseguran que sus tropas estén bien atendidas antes de atender sus propias necesidades. Cuando tratas a los demás respetuosamente y nunca pides a alguien más que haga algo que tú mismo no estés dispuesto a hacer, te ganas el respeto de los demás sin forzar esa acción. Pero no puedes esperar que los demás continúen marchando hasta que les salgan ampollas en los pies mientras tú te transportas cómodamente en un jeep. Guiar a los demás significa que debes estar dispuesto a ir más allá de ti mismo de lo que les puedes exigir a los demás.

2 DE MARZO

Las personas más ricas son aquellas que son más serviciales que los demás

La riqueza financiera es únicamente una medida del éxito. El individuo verdaderamente feliz y exitoso es aquel o aquella que es saludable, financieramente segura, desafiante en su carrera profesional y que hace la diferencia en la vida de los demás. No siempre es fácil proporcionar un servicio a los demás. El mundo es un sitio cínico y peligroso en donde los demás son propensos a desconfiar de tus motivos, y únicamente pueden llegar a convencerse cuando servicialmente eres constante y sobresaliente y ofreces tu ayuda de manera entusiasta y alegre. Con el tiempo, incluso los individuos más cínicos llegan a reconocer ese esfuerzo adicional que pones cuando eres sincero en lo que ofreces de asistencia y servicio hacia tus prójimos.

3 DE MARZO

Únicamente la carretera del servicio útil
conduce a la ciudad de la felicidad

Los Psicólogos que estudian la conducta humana han confluido que nosotros, los seres humanos, somos los más felices cuando luchamos para alcanzar el éxito. Es en si el acto de luchar, y no la conclusión de esa tarea, la que proporciona las recompensas psicológicas más grandes. Cuando luchas para lograr el éxito a través de servir a los demás, se te multiplican los beneficios que recibes, y te garantiza que cualquier camino que tomes en la vida finalmente te conducirá al éxito y la felicidad. No hay ocupación o profesión que no se beneficie de un esfuerzo conjunto orientado a servir mejor a los demás. Pero el beneficio mayor llegará hasta ti, en forma de la autosatisfacción que surge de saber que has hecho la diferencia, esa que sin tu empeño nunca les hubiera permitido a los demás beneficiarse de tu esfuerzo.

4 DE MARZO

Aquellos que no hacen más de lo que reciben como
pago, carecen de argumentos para solicitar aumentos de
salario porque ya ganan lo que realmente merecen

Si miras a tu alrededor, será evidente que hay dos tipos de personas en el mundo: Hay quienes dicen: "Cuando la empresa decida pagarme lo que valgo, entonces voy a hacer lo que ellos quieren que haga". El segundo tipo es aquella persona que dice: "Voy a desempeñar mi puesto lo mejor que puedo porque esa es la persona que soy. También estoy consciente que si doy más de lo que esperan de mi tarde o temprano serán recompensados mis esfuerzos". Es fácil de identificar este último tipo de persona en una organización. Sin embargo, muy pocas personas están dispuestas a hacer los sacrificios necesarios para alcanzar el éxito. Asegúrate de pertenecer a este selecto grupo.

5 DE MARZO

Cita tomada del Libro "Piense y hágase Rico" de Napoleón Hill

Los sueños se convierten en realidad cuando el deseo los transforma en una acción concreta. Pide a la vida grandes dones pero haz lo necesario para hacerte merecedor de ellas. Elige una meta definida y precisa y dedica todas tus energías, toda tu fuerza de voluntad y todo tu esfuerzo por alcanzarla.

6 DE MARZO

El hombre que hace su trabajo en una empresa con el mismo empeño y dedicación como si fuera su propia empresa, algún día puede llegar a ser dueño de ella o tener una mejor

Las compañías mejor administradas son aquellas en las que la gerencia genera oportunidades para que los empleados puedan llegan a ser dueños de parte del negocio, a través de diferentes programas orientados a tal propósito. Las gerencias de varias compañías han encontrado que cuando los empleados son también dueños proporcionales de la empresa, se vuelven más leales, más creativos, y más conscientes de la administración de los costos. Igualmente se ha comprobado que trabajan más duro y son más responsables con los clientes. Si tienes la oportunidad de participar en programas de este tipo, desempéñate con ese alto perfil de responsabilidad. De ser posible, extiende la misma oportunidad a tus subordinados. Si dichos programas no están accesibles para ti, de todos modos desempéñate laboralmente como si fueras dueño, y tarde o temprano lo serás. Es inevitable que cuando piensas como si fueras el dueño del negocio en que trabajas, eventualmente puedes llegar a serlo.

7 DE MARZO

Realiza tu trabajo como si fueras tu propio jefe, y tarde o temprano lo serás

El sistema americano de libre empresa se basa en la premisa de que cada individuo puede beneficiarse en proporción a su trabajo. En el ambiente global, altamente competitivo y agitado de hoy, sin embargo, puedes sentirte que no se te reconoce y no se te recompensa por la contribución que aportas con tu trabajo. La siguiente ocasión que te sientas con sobrecarga de trabajo, mal pagado y no valorado, piensa que realmente estás en el negocio para sacar provecho de ti mismo y que tu producto eres tú mismo. Pregúntate, ¿Cómo me sentiría produciendo en caso de yo fuera el jefe? Cuando estés reconsiderando una difícil decisión o cuando estés pensando como evitar una tarea desagradable en el trabajo, pregúntate, ¿Si ésta fuera mi compañía, como manejaría esta situación? Cuando tu respuesta es desempeñarte como empleado pensando como si fuera tu propia empresa, estarás encaminado para cosas mejores y más grandes. Y seguro que pronto llegarás a ser jefe.

8 DE MARZO

No te sientas satisfecho con solo ser bueno en tu trabajo, procura siempre ser el mejor y con seguridad te volverás indispensable

Algunos investigadores han encontrado que después de un cierto punto, el dinero deja de ser un motivador. Aún cuando tú no llegues todavía hasta ese punto, si eres honesto contigo mismo, probablemente encontrarás que el dinero es dentro de tus consideraciones en la vida solo un factor más. Cuando se le cuestionó a algunas gentes si continuarían haciendo a lo que se dedicaban aún cuando no se les pagara bien, la mayoría de los encuestados, que eran gentes altamente exitosas, respondieron: "Absolutamente. No cambiaría nada. Me encanta a lo que me dedico". Una de las formas más seguras de ascender por la escalera del éxito es elegir un empleo en el que puedas desempeñarte con gusto sin importar tanto el salario. Cuando estás trabajando con gusto y entusiasmo, el dinero suficiente te llegará, porque te volverás atractivo para los demás y la buena paga se dará como consecuencia.

9 DE MARZO

Entre más pronto empieces a sembrar más pronto comenzarás a cosechar

Hay una vieja canción popular que habla acerca de un viajero sediento, que al andar por el camino se topa de pronto con una bomba de agua en pleno desierto. Una nota adjunta explicaba que había una jarra de agua enterrada cerca para cebar la bomba. Tienes que dar antes de obtener, decía la nota. Correspondía al viajero decidir si tomaba el agua de la jarra o invertía una pequeña cantidad de ella en la bomba y de este modo obtener muchísima más agua fría y cristalina. Lo mismo sucede con ir más allá de lo esperado. Tienes que dar antes de obtener algo. No puedes esperar a recibir generosos beneficios y en base a ello decidir lo que tengas que dar a cambio. Al contrario, debes dar libremente y tener fe de que la recompensa a tu generosidad llegará eventualmente. Como alguna vez dijera el clérigo Frank Crain: "Te pueden engañar si confías demasiado, pero vivirás en la incertidumbre si no confías lo suficiente."

10 DE MARZO

Cita tomada del Libro "Piense y hágase Rico" de Napoleón Hill

Todo ser humano que alcanza la edad de la comprensión en cuanto se refiere al propósito del dinero, anhela éste. Pero el sólo anhelo no trae las riquezas. Solamente se consiguen cuando a ese anhelo y deseo se le da forma concreta hasta convertirla en una obsesión y se trazan planes y medios definidos para obtenerlas.

11 DE MARZO

El modo más seguro de promoverte es ayudando a los demás a seguir adelante y destacar

Cuando te sales del camino para ayudar a los demás a seguir adelante, es inevitable que ellos sean recíprocos con esa acción de tu parte. Cuando genuinamente le deseas el bien a los demás, aún cuando sientas un poco de envidia de que progresen más rápidamente que tú en la vida o tengan más reconocimiento que tú, ellos responderán a esa acción de buena fe solidariamente. Tus buenas acciones los motivan a realizar lo mismo. Puede que nunca sepas cuanta gente te haya recomendado para un empleo, o para una promoción, o te hayan ayudado sin que te des cuenta, y eso simplemente como consecuencia directa de haberlos ayudado a seguir adelante en la vida en los momentos más difíciles de su existencia.

12 DE MARZO

Si eres un pastor, sé el mejor hasta que llegues a tener tu propio rebaño

Una de las cosas más maravillosas de la vida es que todos somos únicos con diferentes niveles de inteligencia, intereses, aptitudes y deseos. Que terriblemente aburridos seríamos si todos quisiéramos ser físicos nucleares o panaderos. Pero, independientemente de los dones que hayas recibido al nacer y las habilidades que puedas haber desarrollado desde entonces, todos tenemos la capacidad para ser los mejores en lo que hacemos. Ser el mejor es estrictamente un reflejo de actitud y deseo. Si eres es un vendedor, un ejecutivo, una secretaria, o un obrero, puedes llegar a ser tan bueno en tu área de trabajo como tu quieras. Cuando te conviertas en excepcional en lo que haces, descubrirás de inmediato la forma en que los demás se disputaran tus servicios. Cuando te conviertes en el mejor en tu línea de trabajo, se te pedirá muy a menudo que ayudes a otros "ovejas " volviéndote muy pronto en dueño de tu propio "rebaño."

13 DE MARZO

Escalar grandes alturas será más fácil si te ayudas de los demás

Cuando tomas la iniciativa, te vuelves de inmediato en un líder cuyo éxito dependerá en gran medida de la habilidad que tengas para inspirar a los demás a trabajar contigo. Ellos seguirán tu liderazgo cuando sientan que tienen la confianza en ti y cuando sepan que podrán compartir tu éxito. Algunos de nosotros somos lo suficientemente buenos o afortunados para lograr el éxito completamente solos sin ayuda de los demás. Pero la mayoría necesitamos de esa ayuda. Cuando damos más de lo que pedimos a nuestros amigos y compañeros, no únicamente podremos lograr mucho más en la vida, sino también nuestra existencia se convierte automáticamente en una experiencia mucho más disfrutable.

14 DE MARZO

Cuando la milla a recorrer sea la más difícil, solo sigue adelante y no retrocedas, y verás que llegarás más pronto que aquellos que vean ese recorrido más fácil que tú

Si crees que alcanzar las grandes alturas del éxito será fácil, es porque o bien no entiendes para nada como funciona ese proceso o tal vez has enfocado tus objetivos muy por debajo de lo real. Llegar a la cima de cualquier ámbito es difícil, implica consumo de tiempo y es frecuentemente tedioso. La razón por la que esa cima comúnmente no está llena de gente es debido a que la mayoría no hace lo necesario para lograr el éxito. Muchos de ellos prefieren renunciar a sus deseos cuando el recorrido se vuelve difícil. Si necesitas inspiración para perseverar y seguir adelante, simplemente lee las biografías de hombres y mujeres que han alcanzado la grandeza en sus vidas. Encontrarás que a pesar de las adversidades ellos siguieron adelante sin renunciar nunca a sus sueños y continuaron solos hasta el final cuando los demás optaron por abandonar el trayecto para regresar a casa.

15 DE MARZO

Cita tomada del Libro "Piense y hágase
Rico" de Napoleón Hill

Observa que todos aquellos que han acumulado grandes fortunas, soñaron primero con ellas, luego albergaron esperanzas, las desearon fuertemente e "hicieron" proyectos antes de conseguir u obtener realmente todas sus fortunas personales.

16 DE MARZO

La calidad y cantidad del servicio que ofreces fija tu sueldo
y determina el tipo de experiencia que estás obteniendo

El único límite que fijas en tus ingresos y en tu potencial de avance los determinas tu mismo. Si no te gusta tu empleo, o si no estás satisfecho con tu sueldo, haz algo al respecto. Pregúntate: ¿Qué puedo hacer para volverme más valioso para mi departamento y mi empresa? ¿Qué tareas no se han terminado porque nadie tiene el tiempo o la disposición para ocuparse de ellos?. Mira a tu alrededor e identifica las cosas que hay que hacer. No esperes que se te pregunte. Si haces el hábito de buscar oportunidades, para asumir nuevas tareas, aumentarás tus conocimientos sobre la organización y te convertirás automáticamente en un empleado valioso que tu empresa no puede permitirse el lujo de perder.

17 DE MARZO

Tu empleo te retribuye en la misma proporción
en que tú le retribuyes, pero no más

Tú eres el mayor experto del mundo en tu trabajo, y puedes tener el éxito que quieras en lo que hagas. Fácilmente la puedes hacer en lo que elijas. Quizás haya una descripción de puesto para lo que haces, pero hay pocos trabajos en el mundo que vengan con instrucciones detalladas para realizar un trabajo. Una descripción de trabajo se limita a establecer una base sobre la cual puedas edificar el trabajo perfecto para ti. Cuando te entregas generosamente a ese empleo, éste responde con plenitud en satisfacciones personales, crecimiento personal, recompensas financieras y un futuro promisorio. Si por el contrario estás en un empleo lleno de rencores e insatisfacciones, y a pesar de considerar todas las alternativas decides que nunca te gustará ese empleo, busca algo más. Pero si a ti, como a la mayoría de la gente, no te gustan algunas cosas sobre tu trabajo, pero sabes que estás ganando buen sueldo a pesar de tu insatisfacción, ocúpate en mentalizarte para convertirlo en el mejor empleo del mundo. En tu profesión, como en la vida, recibes en proporción directa a lo que das.

18 DE MARZO

Deberás ocuparte en vez de preocuparte por recorrer la milla extra

Es bueno y conveniente tener un cambio de actitud cuando se da un extra al servir a los demás, pero si ese extra no es mayor del que pueden dar más gentes, entonces quizás no estás haciendo lo suficiente. Necesitas observar a tus compañeros de trabajo y competidores para encontrar justo lo que te permitirá sobresalir. Si existen normas que califiquen tu rendimiento en el trabajo, procura sobrepasarlas. Al cumplir con un contrato, asegúrate de ofrecer más allá de lo que prometes. No puedes confinar el servicio de la milla extra solo a tu trabajo. Debes de hacerlo parte de tu filosofía para tratar a cada persona que trates o conozcas. Imagina lo placentero que será para los demás saber que tú eres el tipo de persona que no únicamente hace lo que promete sino que da más allá de esos límites. El beneficio real de recorrer la milla extra es la de enseñarte a luchar siempre por mejores y mayores logros en todo lo que realizas.

19 DE MARZO

La más efectiva de todas las reglas del éxito sin lugar a dudas es aquella que dice que nunca hagas a los demás lo que no te gustaría que te hicieran

Esta regla de oro es más que un principio de conducta ética; es una fuerza dinámica que puede trabajar bien en las vidas de incontables personas. Cuando la pones en práctica para tratar a los demás como si tú fueras parte de esos otros, contagias de buena vibra a todas esas gentes, quienes a su vez, se motivan para hacer lo mismo. Esta fuerza positiva y optimista se reproduce exponencialmente y en algún momento regresará a ti desde otras fuentes completamente nuevas para ti. Por ello, cuando recibas el beneficio de una buena acción hacia ti por parte de un completo extraño, ésta puede ser el resultado de una reacción en cadena generada tiempo atrás en otros ámbitos y teniendo como protagonistas a otras gentes.

20 DE MARZO

Cita tomada del Libro "Piense y hágase Rico" de Napoleón Hill

Los que deseamos volvernos ricos debemos tener siempre presente que los auténticos dirigentes del mundo siempre han sido aquellos que han dominado y encauzado, llevándolas a la práctica, a las fuerzas intangibles e invisibles de la oportunidad, convirtiéndolas en toda una realidad mediante la perseverancia y el deseo ardiente de lograrlo.

21 DE MARZO

Clarence Saunders hizo millones de dólares ideando que los negocios de abarrotes funcionaran de igual manera que las cafeterías de autoservicio y llamó a este nuevo negocio Piggly Wiggly. ¡Ese fue el pago a su imaginación!

El fundador de la cadena de supermercados Piggly Wiggly era un empleado de bajo nivel en una sencilla tienda de abarrotes, pero cuando visitó una cafetería de autoservicio y se le ocurrió la idea de que las mismas técnicas de estos sitios podían aplicarse en el negocio de abarrotes su vida cambió. Fue ridiculizado por los expertos de la época, pero él estaba convencido de que la idea era buena. Saunders perseveró, y su adaptación de la idea de autoservicio para el negocio de abarrotes lo llevó a convertirse en el padre del moderno supermercado. A menudo es cierto que una gran idea por sí sola no es suficiente para alcanzar el éxito. La implementación puede requerir tanto o más imaginación que la misma idea original. Los que estudian estas cosas, sin embargo, afirman que cuando se tiene una idea realmente buena, aunque cuando ésta aún no pueda ser probada, por simple intuición sabrás que es realmente buena. Si estás convencido, apégate a ella. Finalmente otros llegarán a reconocer el valor de tu idea.

22 DE MARZO

La imaginación es el taller del alma, en donde toman forma todos los planes para el logro individual de las personas

Antes de poder construir algo que realmente valga la pena, debes primero crearlo en tu mente. A tu mente no la condicionan las fronteras o limitaciones físicas. En el taller de tu mente, puedes visualizar cosas que nunca han existido. Se dice que Alberto Einstein visualizó la manera que se podría ver el universo si él pudiera viajar en un rayo de luz por el infinito. Luego lo que él hizo fue resolver la cuestión matemática para apoyar su teoría de la relatividad. Tú puedes usar el poder de tu imaginación para visualizar soluciones a problemas difíciles, para desarrollar nuevas ideas, y para verte a ti mismo alcanzando las metas que te has fijado en la vida.

23 DE MARZO

Tu trabajo nunca será más grande que la propia imaginación que tengas para desempeñarlo

Daniel Burnham, arquitecto de finales del siglo 19 y planificador urbano cuyo plan para la Feria Mundial de Chicago en 1893 tuvo una enorme influencia en el diseño urbano contemporáneo, afirmaba, "Nunca hagan proyectos pequeños." Sabía que para lograr grandes cosas hay que tener grandes ideas. Si puedes imaginarlo, puedes crearlo. Y si se puede crear en tu imaginación el trabajo que te gustaría tener, es posible trasladarlo al mundo real.

24 DE MARZO

Cuando tienes mejores ideas de hacer las cosas, esa cualidad puede valer una fortuna

En cualquier tipo de negocio, las ideas más valiosas son aquellas que te permiten ganar dinero, ahorrar tiempo y dinero, o mejorar el modo en que se hacen las cosas. Cada avance, aún siendo pequeño, es un paso en la dirección correcta. Estar alerta para las oportunidades de mejorar las cosas es una función de una actitud positiva. Virtualmente es imposible pensar creativamente acerca de las oportunidades cuando tus pensamientos se concentran en la parte mala de los riesgos en lugar de ver la parte buena de los mismos. Conforme busques maneras de mejorar tu desempeño, o encuentres una forma más rápida o más económica de realizar una tarea o crear un producto, en cualquier de los casos, analiza y minimiza los riesgos pero enfócate en las posibilidades.

25 DE MARZO

Cita tomada del Libro "Piense y hágase Rico" de Napoleón Hill

Si lo que deseas es correcto y "crees en ello", ¡adelante, llévalo a cabo! Realiza tu sueño y que no te importe los que los "demás piensen de ti" en caso de toparte con derrotas temporales en tu camino, porque es seguro que "todas esas gentes" ignoran que cada derrota trae consigo la semilla de un éxito equivalente .

26 DE MARZO

Hay algo acerca de la verdad que la hace fácilmente reconocible por todos los que están en busca de ella con la mente abierta

Al magnate galletero Wally Amos le gustaba citar el refrán, "La mente es como un paracaídas. Funciona mejor cuando está abierta." Al abrir tu mente a las posibilidades, objetivamente analizas la información y te niegas a permitir que tus preferencias personales y los prejuicios influyan en tu juicio, permitiéndote ser capaz de percibir las grandes verdades que han sido pasadas por alto por los demás. Una mente cerrada, por lo contrario, hará que te pierdas de algunas de las mejores ofertas que te ofrezca la vida. Si te encuentras confrontando hechos, o tratas de cuestionar esos hechos para apoyar tus creencias, pregúntate: ¿Por qué estoy tan dispuesto a aceptar esta información? ¿Estoy siendo lógico, o estoy simplemente permitiendo que mis emociones nublen mi juicio? El peor error que se puede cometer es tratar de convencerte a ti mismo de aceptar una verdad falsa. No es adecuado tratar de engañar a los demás, pero cuando te engañas, es seguro que se avecina un desastre.

27 DE MARZO

Una mente cerrada se tropieza generalmente con las bendiciones de la vida sin darse cuenta y reconocerlas

Para el ojo no entrenado, una roca geológica se ve muy similar a cualquier roca ordinaria. Pero para un geólogo entrenado esa pieza tiene un significado distinto por sus cristales. Es lo mismo que ocurre en el caso de aquellos que se rehúsan a probar nuevas posibilidades debido a que sus mentes están cerradas. Las grandes oportunidades en la vida, como el caso anteriormente descrito, frecuentemente se presentan como algo ordinario. No permitas que te conviertas en una victima del hábito en la que simplemente dejes que la vida transcurra sin que tú intervengas en absoluto. El sólo hecho de tomar una forma de trabajo, leer un periódico en vez de ver la televisión, o visitar un museo a la hora del almuerzo representa nuevas actividades que estimularan tus procesos de pensamiento y que pueden ayudarte a que abras tu mente a nuevas posibilidades.

28 DE MARZO

Toma posesión de tu propia mente y pronto la vida te recompensará de acuerdo a tus propios términos

Tu mente es, sin duda, tu posesión más valiosa. Puedes perder todo lo material que posees, pero el conocimiento nunca se te podrá arrebatar. Con él, puedes ganar una fortuna nueva, construir un nuevo hogar, y comprar cualquier cosa que desees. Nadie más puede controlar tus pensamientos, incluso el más cruel tirano no podrá obligarte a pensar en algo que te niegues a aceptar. Cuando tomas una decisión deliberada para tomar el control de tu mente y lo alimentas de pensamientos positivos y constructivos, estás entonces en el momento de tomar el control de tu vida. Los pensamientos a los que les permitas dominar a tu mente determinarán lo que quieras obtener de la ella.

29 DE MARZO

Recuerda que la mente se fortalece a través del uso. La disciplina hace el poder

A Napoleón Hill le gustaba contar una historia sobre su abuelo, un constructor de vagones de Carolina del Norte. Cuando el anciano limpiaba su terreno para el cultivo, siempre dejaba unos pocos árboles de roble en medio del campo a plena intemperie en el bosque. Fue a partir de estos árboles que este anciano fabricaba las ruedas de los vagones. Afirmaba que debido a que estos arboles se veían obligados a luchar contra la furia de la naturaleza, crecían lo suficientemente fuerte para soportar las carga más pesadas. Bienvenidos los retos difíciles, porque de ellos nacen las mayores oportunidades que obligan a ampliar nuestra mente en la búsqueda de soluciones creativas. Durante los momentos más sombríos de la vida, se enaltece el espíritu y se fortalece a través de la lucha constante para estar mejor preparados para los retos futuros. Justo igual que esos viejos robles, que crecen fuertes sólo cuando se ven obligados a luchar para sobrevivir.

30 DE MARZO

Cuídate de aquellos que tratan de envenenar tu mente en contra de otras mentes con el pretexto de ayudarte. Las posibilidades son de mil a uno que al hacerlo estén tratando de ayudarse a sí mismos en detrimento tuyo

El pintor y poeta sudafricano Breyten Breytenback relata la historia de un hombre Negro llamado Libertad, que era propiedad de un dueño de esclavos y a quien le faltaba un pie, en aquellos tiempos previos a la abolición de la esclavitud. Relata que siempre que el dueño compraba un nuevo par de zapatos, le regalaba a Libertad el del lado izquierdo, que no podía utilizar. Con el tiempo, el uso de dos zapatos izquierdos deformó el pie derecho de Libertad, quedando paralizado de forma permanente por la "generosidad" de su maestro. No te dejes engañar por personas que intentan promover sus propios intereses con el pretexto de ayudarte. Escucha los consejos de los demás, dales las gracias por su interés, pero toma tu propia decisión sobre lo que es mejor para ti. Sigue esos consejos si se ajustan a tu plan de vida, pero no dudes en desprenderte de ellos cuando sean más un perjuicio que un beneficio. En todo el mundo, sólo hay una persona que sabe lo que es mejor para ti, y esa persona eres tú.

31 DE MARZO

La mente más aguda la tienen aquellos que han logrado despertar por la experiencia práctica

El conocimiento teórico sin experiencia práctica podría compararse con una gran masa de energía sin dirección alguna. Sólo hasta que esta energía se logra centrar hacia un fin determinado se convierte en energía útil. La experiencia práctica es la lente a través del cual se puede enfocar y dirigir la energía del conocimiento hacia actividades que proporcionen grandes beneficios. Es la fuerza del conocimiento enfocado y dirigido hacia las actividades la que ofrece el mayor beneficio. Cuando aprendas nuevos conceptos o tengas una idea que aún no ha sido probada, llévala a la práctica imaginándote su aplicación antes de implementarla. Cuando hayas considerado todas las posibilidades y esa idea aún parezca ser muy buena sólo entonces ponla en acción. La única manera de obtener experiencia práctica es poniendo a trabajar tu idea en el campo de la acción.

ABRIL

1 DE ABRIL

Una decisión rápida normalmente denota a una mente alerta

La gente decidida es exitosa. No sufren en la toma de decisiones y no pierden una gran oportunidad. Generalmente concentran información relevante, discuten alternativas con asesores y consejeros cuyas opiniones ellos respetan, y luego toman una decisión y siguen adelante con ella. La indecisión genera el peor tipo de parálisis y, cuando no se atiende, puede dañar permanentemente a ti y a tu organización. Cuando tengas problemas para tomar decisiones, recuerda que hay pocas decisiones que son irreversibles. Por lo que si después de tomar una descubres que estabas equivocado corrige el curso de las cosas y sigue adelante.

2 DE ABRIL

Nadie ha descubierto aún las limitaciones del poder de su propia mente

Pat Ryan, presidente y consejero delegado de Aon Corporation, la compañía gigante de seguros multinacionales, solía decir, "No se puede concebir que tan alto se puede llegar, excepto por las limitaciones que se le fija a la propia mente. Enfáticamente afirmaba que los únicos límites en los logros de una persona los impone tú mismo a tu mente. Por eso, cuando pongas en práctica una técnica de lluvia de ideas, no permitas que haya ningún límite a todas las ideas que ahí surjan. A veces las ideas que parecen las más descabelladas en su momento, con el tiempo resultan ser las más inspiradas. Si estás trabajando en un grupo de Mente Maestra, propicia el libre flujo de ideas de cada una de las personas que en ese grupo participen. No seas crítico o analítico durante el proceso de la lluvia de ideas; en ese momento toda idea es buena. Agrupa las ideas en bloques de pensamientos, de tal modo que las mejores de esas ideas se les puedan dar forma más adelante hasta llevarlas a la aplicación práctica.

3 DE ABRIL

Cuando conoces tu propia mente, conoces lo suficiente para mantenerla siempre positiva

Posiblemente no entiendas completamente el proceso complejo que hace que la electricidad se genere y llegue hasta tu hogar. Pero lo que si entiendes muy bien es como aplicarla y utilizarla para iluminar tu casa, encender tu computadora, y hacer cientos de otras esenciales tareas. Lo mismo ocurre con tu mente. Nadie entiende el funcionamiento increíblemente complejo del cerebro; pero sabemos de su capacidad solamente cuando obtenemos un resultado deseado aprovechando su potencial. Si pensamos positivamente lograremos resultados positivos.

4 DE ABRIL

Conoce tu propia mente y serás tan erudito como los más sabios

Cuando sabes controlar tu mente, tomas el control de tu vida. Cuando entiendes tus pensamientos, sentimientos, emociones y deseos, puedes direccionarlos hacia cualquier fin que elijas. La sabiduría nace de ese tiempo que te tomas para estudiarte a ti mismo y para conocerte quien eres realmente. Controlar tu mente es un proceso de reflexión, de consideración y de autoanálisis. Únicamente tu puedes comprender el funcionamiento interior tan complejo de tu propia mente y debes mostrar disposición para invertir tiempo y esfuerzo en entenderla.

5 DE ABRIL

Cita tomada del Libro "Piense y hágase Rico" de Napoleón Hill

Un ardiente deseo que hay que hacer realidad a toda costa es el punto de partida que debe tener todo soñador. Los sueños no nacen de la indiferencia, de la pereza o de la falta de ambición. Recuerda que todos los que han alcanzado el éxito en la vida casi siempre tuvieron duros principios y atravesaron muy malos tiempos antes de "llegar."

6 DE ABRIL

La mente funciona mejor cuando lo usamos más

¿Tienes algún programa que pueda mejorar lo más valioso que posees, tu mente? Asegúrate de pasar por lo menos media hora diariamente estudiando, pensando y planeando. Revisa tus objetivos de corto, mediano y largo plazo, y mide el progreso que obtengas a la fecha. Analiza si estás dentro de lo planeado. Pregúntate a ti mismo, Que información te falta que te ayude o necesites para alcanzar tus metas. Luego recolecta la información que requieras y ponte en acción.

7 DE ABRIL

Controla tu propia mente, y podrás no ser vulnerable a que alguien más pueda controlarla

La mente es el arma más poderosa conocida que tiene el ser humano. Simplemente no puede ser controlada o dominada por una fuerza externa, aunque haya casos que demuestren lo contrario. A través de la historia, los tiranos han tratado de controlar a todos aquellos que se oponen a sus ideas de conquista y control, pero eventualmente estos tiranos llegaban a descubrir que el poder de la imaginación era mucho mayor que la amenaza de una espada, tal y como dijera Víctor Hugo "Se puede resistir la invasión de un ejército, pero no una idea cuyo momento ha llegado inevitablemente."

8 DE ABRIL

Una mente negativa nunca atrae a la felicidad o al éxito material, pero siempre atraerá a todo lo opuesto

Puedes engañarte a ti mismo al creer que es ingenioso de tu parte el aprovecharte de la debilidad de los demás, pero al final siempre todo pensamiento negativo producirá resultados negativos. Así como tu mente trabaja incansablemente para traducir tus pensamientos positivos en su equivalente físico, de igual manera trabaja así de duro para crear resultados negativos cuando tus pensamientos son de la misma naturaleza negativa.

9 DE ABRIL

Algunas personas nunca están libres de problemas, principalmente porque mantienen a sus mentes en sintonía con esas preocupaciones. La mente atrae todo aquello que esté en sintonía con el tipo de pensamientos que habiten en su interior

La preocupación no responde a ningún propósito útil y puede tener un efecto adverso grave sobre tu salud mental y salud física. Carlos Mayo, que con su hermano William fundó la famosa Clínica Mayo en Rochester, Minnesota, solía decir: "Nunca he sabido de algún hombre que haya muerto por exceso de trabajo, pero si sé de muchos que han muerto por la preocupación. Y esto ocurre principalmente porque la preocupación es una amenaza incierta y escurridiza que la vuelve difícil de poder tratar. La mejor manera de deshacerte de tus preocupaciones es tomar medidas positivas para eliminar su fuente de origen. Desarrolla un plan para lidiar de manera constructiva con los problemas y ponte a trabajar aplicando ese plan, automáticamente lo que obtendrás es ya no más preocupaciones a causa de esos problemas. Los pensamientos negativos siempre cederán el paso a toda persona determinada en la búsqueda de un plan de acción positivo.

10 DE ABRIL

Cita tomada del Libro "Piense y hágase Rico" de Napoleón Hill

Hay una notable diferencia entre desear una cosa y estar en disposición de recibirla. Nadie está dispuesto a tal recepción hasta que "cree" que puede hacerlo y que puede lograrlo. El estado mental debe ser creencia y no simple deseo o esperanza. Para la creencia es esencial una mente liberal y receptiva. Las denominadas mentes cerradas no inspiran fe, valor o creencia.

11 DE ABRIL

Muchas veces los pollos llegan a casa en forma de asado o rostizado, y lo mismo puede ocurrir con tus pensamientos. Ten cuidado con el tipo de pensamientos que mandas hacia los demás

Los pensamientos que envías a los demás tendrán un impacto mucho mayor sobre ti que sobre ellos. A diferencia de una posesión material, cuando liberas un pensamiento o se lo envías a otra persona, ese pensamiento también se queda contigo. Puede quedarse enterrado en tu subconsciente mucho tiempo después de que tu mente consciente se haya olvidado de él. Al igual que los pollos que vuelven al nicho por las noches, los pensamientos pueden aparecerse en tu conciencia cuando menos lo esperas. Cuando éstos son positivos, nunca tienes que preocuparte por el daño que pudieran ocasionarte aquellos pensamientos negativos que lleguen a ti. Cuando los pensamientos enterrados en tu subconsciente son positivos, felices y optimistas sus resultados en tu persona son de la misma naturaleza y por ello traen consigo la motivación y el mantenimiento de una actitud positiva en todo lo que haces.

12 DE ABRIL

Tu mente es lo único que puedes exclusivamente controlar, no la desaproveches empleándola en discusiones inútiles

Normalmente inviertes tu tiempo y energía, tanto física como mental, en obtener buenos dividendos por esta inversión de tiempo y esfuerzos, pero también puedes correr el riesgo de desaprovechar el potencial que tienes en labores infructuosas. Considerando que tu mente es algo que puedes dominar por completo, tienes la opción de aprovecharla para fines constructivos., o de plano desperdiciarla por completo en situaciones y debates que no te lleven a ningún lado. Hay una vasta diferencia entre un debate intelectual y espiritualmente provechoso y una discusión sin sentido y totalmente infructuoso. Cuando discutes conceptos, tu propio conocimiento se expande a través de la interacción que tienes con otra persona pensante. Pero cuando te dejas arrastrar en argumentos inútiles sobre cosas insignificantes, como resultado desperdicias tremendamente tu espíritu y mente en esas cosas intrascendentes.

13 DE ABRIL

Tu verdadera edad depende de tu mente y actitud, y no de los años que has vivido

El clérigo y autor americano Tyrone Edwards afirmaba, "La edad no depende directamente de los años, sino del temperamento y de la salud que se tiene. Algunos hombres nacen ya viejos mientras que otros nunca llegan a madurar realmente". No hay duda que alguna vez has atestiguado que hay adolescentes que parecen ancianos por la apatía y envejecen antes de tiempo, mientras que hay personas ancianas que tienen el temperamento y entusiasmo propios de aquellos que apenas van descubriendo las maravillas de la vida por vez primera. Todo es cuestión de actitud. Conforme crezcas y te desarrolles, asegúrate que tu experiencia se oriente a la adquisición de sabiduría y no a la aceptación del cinismo. Si te cuesta trabajo mantener tu mente abierta debido a experiencias previas que la condicionan a reaccionar de determinada manera, recuerda entonces que te relacionas con diferentes tipos de gentes, que por ello las condiciones cambian y que al ser más maduro y sabio tus oportunidades de éxito serán mayores que en el pasado.

14 DE ABRIL

Cada cerebro es al mismo tiempo una estación transmisora que una estación receptora debido a las vibraciones de los pensamientos

Independientemente de lo que pudiéramos creer acerca de la ciencia que estudia la transmisión del pensamiento, lo cierto es que cuando deseas recibir el poder implícito en los pensamientos de los demás, debes primero acondicionar tu mente para recibir esas ideas. Por ejemplo, la acción de escuchar ayuda a que acondiciones tu mente para recibir información valiosa contenida en los pensamientos de los demás. Haz a un lado cualquier noción preconcebida que pudieras tener acerca de algún tópico, y en su lugar escucha atentamente y sin prejuzgar lo que se dice. Enfócate en la información, no en quien habla. Trata de identificar los conceptos que están detrás de las palabras de quien habla. Entrena a tu mente para identificar y asimilar información que otros frecuentemente pasen por alto, simplemente porque sus "receptores" no estén sintonizados a la frecuencia apropiada.

15 DE ABRIL

Cita tomada del Libro "Piense y hágase Rico" de Napoleón Hill

Mediante algún extraño y poderoso principio de "química mental" que jamás ha sido divulgado, la naturaleza arropa en el impulso de un fuerte deseo "ese algo" que no reconoce la palabra "imposible" y no acepta tal realidad como "fracaso."

16 DE ABRIL

No puedes controlar los actos de los demás, pero puedes controlar tu reacción a sus actos, y eso es lo que más debe contar para ti

Nadie puede hacerte sentir alguna emoción negativa, como miedo, enojo, o inferioridad, sin tu permiso expreso. Siempre habrá gente que disfrutará perversamente de tu enojo, o que simplemente juegan con tus emociones para que puedan utilizarlo para sus propios propósitos egoístas. De que tengan o no éxito en sus perversos propósitos dependerá completamente de ti y de cómo reacciones a sus comportamientos negativos. Cuando te veas obligado a lidiar con estas personas, reconoce desde el principio que están tratando de molestarte, no por algo que pudieras haberles hecho, sino debido a que esas personas ya presentan problemas por sus actitudes negativas. Cuando esto suceda, dite a ti mismo: "Esto no me incumbe ni tiene que afectarme y no voy a permitir que esta persona me saque de quicio. Yo tengo el control de mis emociones y de mi vida."

17 DE ABRIL

Tu actitud mental es parte esencial de tu personalidad

Como te veas a ti mismo influirá enormemente en la forma en que los demás te perciban. Si eres una persona con autoestima alta, alegre, y positiva, entonces tus amigos, compañeros de trabajo y familiares se sentirán atraídos por esa personalidad. Por el contrario, si denotas ser infeliz, negativo, y siempre quejándote de tu situación, los demás te evitarán por consecuencia lógica. Aún cuando por momentos no te sientas muy feliz, si te induces a comportarte de manera positiva, encontrarás que pronto te sentirás genuinamente optimista, porque tu subconsciente no conoce la diferencia entre una emoción artificial y una emoción real. Cuando te comportas positivamente, influirás positivamente en todos aquellos que estén a tu alrededor, por supuesto, incluyéndote a ti mismo.

18 DE ABRIL

Las personas sabias son aquellas que lo piensan dos veces antes de hablar por primera vez

Quizás la mayor cualidad en un líder y la habilidad más valiosa al construir relaciones sea la capacidad para pensar antes de hablar. Si tienes la tendencia de hablar instintivamente y después te arrepientes de tus acciones estando ya tranquilo, lo más conveniente será que recurras a la práctica infantil de contar hasta diez antes de hablar. Si por lo menos te tomas un momento de pausa para considerar las consecuencias, pensarías mejor en lo que dirías y los resultados serían más consistentes y efectivos.

19 DE ABRIL

Una mente positiva siempre encuentra algún modo de hacer las cosas, mientras que una mente negativa busca todas las formas de no hacerlas

Alguien alguna vez dijo, "No existen las verdades; solo las percepciones de la verdad" Estemos o no de acuerdo con esta frase, lo cierto es que en lo que tú creas que es la verdad se convertirá en tu realidad. Tu subconsciente creerá en todo lo que le digas si le repites lo que tú quieres frecuentemente y con convicción. Cuando te enfrentas con una tarea difícil que nunca hayas intentado solventar antes, enfócate en tu potencial para tener éxito, no en las posibilidades de poder fracasar al intentarlo. Divide el trabajo en elementos más pequeños y abórdalos cada uno por separado. La única diferencia entre el éxito y el fracaso en cualquier trabajo es la actitud que asumes.

20 DE ABRIL

Cita tomada del Libro "Piense y hágase Rico" de Napoleón Hill

La fe bien orientada hace que todo pensamiento se convierta en poderoso sostén de nuestra existencia. Puede alzarnos a alturas insospechadas impulsada por la poderosa fuerza de la confianza en nosotros mismos. La fe es el jefe químico de la mente. Cuando se mezcla con el pensamiento, el subconsciente de inmediato recoge la vibración y la convierte en su equivalente espiritual para transmitirlo a la inteligencia infinita, como es el caso de la oración.

21 DE ABRIL

Si no puedes controlar tu propia actitud mental, que te hace pensar que puedas controlar la de los demás

¿Por qué frecuentemente hay gentes que creen que si se les diera una oportunidad podrían ser los mejores jefes de otros más, cuando ni siquiera son capaces de controlar y manejarse a si mismos adecuadamente?. Por eso antes de que puedas siquiera tener la esperanza de administrar a otras personas efectivamente, primero debes aprender a ser un ejemplo para que los demás te sigan y respeten. Simplemente para ti es imposible inspirar a los demás para alcanzar altos niveles de logros si tu mismo no puedes inspirarte a ti mismo para lograrlo. No cometas los mismos errores que otros cometen al decir: "Cuando me den el puesto de Jefatura, les enseñaré lo que es ser un Jefe". El primer paso lo tienes que dar tú al probarte a ti mismo de lo que eres capaz de hacer.

22 DE ABRIL

Siempre que lo desees podrás ver en los demás los rasgos de carácter que estés buscando

Margaret Wolfe Hungerford alguna vez dijo: "La belleza está en el ojo de quien mira." Era su manera de decir que vemos lo que queremos ver en los demás. Cada ser humano vivo es una compleja combinación de sentimientos, emociones y pensamientos, algunos buenos, otros malos. Tu impresión acerca de los demás depende en gran medida de ti mismo y de tus expectativas con respecto a ellos. Si crees que alguien es bueno, le descubrirás cualidades. Si no, no hallarás más que defectos. Cuando eres una persona positiva, tiendes a encontrar cualidades positivas en los demás. A medida que trabajas para desarrollar buenos y constructivos hábitos para mejorar continuamente, lo conviertes en una práctica de buscar las mismas cualidades en los demás. Es fácil de detectar las deficiencias del otro, pero cuando identificas lo bueno de las demás personas y las felicitas por sus logros positivos, automáticamente encontrarás amigos en quien confiar en los buenos y malos momentos de tu vida.

23 DE ABRIL

El carácter se refleja fielmente en la actitud mental

Sin una base sólida basada en los rasgos de un carácter positivo, el éxito no dura mucho tiempo. Es prácticamente imposible el falso buen carácter. Los farsantes se descubren rápidamente porque no tienen la sustancia y la determinación de mantener esa farsa. El desarrollo de buen carácter comienza con una actitud positiva. Todo deseo de ser bueno, decente, honesto, y considerado se manifiesta primero en la mente. Al tomar la decisión de convertirte en una persona de carácter positivo, encontrarás que también eres una persona dispuesta a hacer lo correcto en la vida por ser el camino más indicado para tu éxito personal.

24 DE ABRIL

¿Como puedes juzgar a los demás si aún no has aprendido a juzgarte a ti mismo?

La capacidad de autoevaluarte y evaluar tu desempeño objetivamente es critico para tus relaciones con los demás y tendrá un enorme impacto en el nivel de éxito que alcances durante toda tu vida. A menos que honestamente evalúes tus fortalezas y debilidades, ¿como puedes entonces esperar poder mejorar tu rendimiento? Sólo así lo puedes lograr. Por lo que debes determinar en dónde estás parado antes de poder desarrollar un plan que te lleve a donde te gustarla estar. Si fueras un observador independiente, ¿que consejo te darías a ti mismo para mejorar tus habilidades, tus hábitos de trabajo, tu interacción con los demás, y tu contribución a la organización? La honestidad contigo mismo es el primer paso para que mejores efectivamente.

25 DE ABRIL

Cita tomada del Libro "Piense y hágase Rico" de Napoleón Hill

Hay millones de personas que se creen "condenadas" a la pobreza y al fracaso porque suponen que existe alguna fuerza extraña sobre la que no tienen dominio. Son esas personas las creadoras de sus propias desgracias a causa de tal creencia negativa.

26 DE ABRIL

La honestidad y el trabajo duro son rasgos recomendables de carácter, pero no son garantía de éxito en toda persona que no sepa orientarlas hacia propósitos específicos definidos

El carácter es un importante elemento de éxito y un atributo crítico de liderazgo, sin embargo, el carácter por si sólo no puede asegurar el éxito a menos que sea canalizado de una manera positiva. Cuando las personas decentes y buenas con un propósito específico definido en sus vidas se conectan de manera voluntariosa y entusiasta dirigiendo todas sus energías hacia ese fin, los resultados pueden ser inspiradores. Por ello un carácter relevante junto con un propósito definido en la vida hace una combinación formidable.

27 DE ABRIL

El individuo con una actitud mental negativa atrae los problemas como un imán atrae los trozos de metal

Es algo curioso de la naturaleza la forma en que nuestras mentes transforman en una realidad física la mayoría de las cosas que pensamos. Cuando en tu mente está presente el fracaso, puedes estar seguro que lo encontrarás, lo mismo si ves lo negativo en cada oportunidad es un hecho de que nada se resolverá positivamente para ti. Afortunadamente, lo contrario también es cierto. Si eres una persona alegre y positiva, atraerás consecuentemente cosas positivas. Puedes mantener una actitud positiva eliminando aquellos pensamientos negativos en el mismo momento que comiencen a filtrarse en tu consciente. Si optas siempre por ver lo negativo en cada oportunidad, nunca conseguirás nada que valga la pena. Sé prudente con las decisiones que tomes, pero no permitas que nunca te paralice el miedo al fracaso.

28 DE ABRIL

La calidad y cantidad del servicio que proporcionas, además de la actitud con que lo haces, son factores que determinan el pago a recibir y tipo de trabajo a merecer

Las personas que son promovidas a mejores puestos en una empresa son aquellas que hacen del esfuerzo adicional toda una práctica constante, esforzándose más allá de lo que se les paga por trabajar, y haciéndolo de buena gana y con disposición. Das el primer paso importante hacia la determinación de tu propio futuro, cuando tomas la decisión consciente de ejecutar tus tareas con una actitud positiva y completa disposición hasta terminarlas correctamente. Asumir esta actitud al principio es difícil, pero descubrirás que en muy poco tiempo se convierte en parte de ti. Y sobre todo, después de darte cuenta del beneficio de ser reconocido como un trabajador que no escatima esfuerzos para entregarte incondicionalmente en el trabajo.

29 DE ABRIL

Si todo te da miedo o despierta tu preocupación, entonces hay algo en tu actitud mental que necesitas corregir

La preocupación y el miedo son emociones negativas que no sirven a ningún propósito útil. Peor aún, no son influencias positivas en tus hábitos. Ambos tienden a expandirse si no se controlan oportunamente y pueden llegar a desplazar a las emociones positivas y creencias de tu mente al invadirlo de emociones contraproducentes que te hacen dudar de tu capacidad para tener éxito en cualquier cosa que intentes. De no controlar ambas emociones, puedes correr el riesgo de que un día descubras que ya tomaron el control de tu mente. Así como no puedes controlar el miedo y la preocupación con simple lógica o razonamiento, la acción constituye un antídoto infalible. Por eso, el simple acto de hacer algo o cualquier cosa constructiva ejercen un efecto positivo en tu mente y actitud.

30 DE ABRIL

La solidez del carácter es nuestro más grande valor porque nos proporciona la energía necesaria, para transitar por la vida con decisión para evitar que los obstáculos en nuestro camino nos lleven a la derrota inminente

Sin una actitud mental positiva (AMP), la vida podría ser todo un cúmulo de incertidumbre y emergencias ocasionales que agitarían permanentemente la esencia misma de tu ser. Estas emergencias que pueden ser de tipo financiero, personal o relacionado con la salud, requieren de acciones inmediatas y por separado. Es aquí donde una actitud positiva ayuda a hacer frente a las crisis, centrándonos en las soluciones, y no en hallar culpables o buscar las causas. Para lograrlo se debe llevar a cabo una rápida evaluación de los daños, tomarse el tiempo para pensar en las alternativas y sus consecuencias, y luego actuar para aplicar la mejor solución posible. Si te ocupas de enfrentar las emergencias de la vida tal como se presentan, en sus propios términos, te volverás en una mejor persona y más fuerte por enfrentar los retos y desafíos con valentía y determinación en el mismo momento que surgen.

MAYO

1 DE MAYO

Cada pensamiento que liberas se vuelve parte permanente de tu carácter

Los pensamientos son cosas. Cada pensamiento que liberas, bueno o malo, es una forma de energía que puede influir en los que lo reciben, para bien o para mal. Lo más importante es la forma que tus propios pensamientos influyen en ti mismo. Te conviertes en lo que piensas acerca de tu entorno. Si piensas en el éxito, condicionas a tu mente para que busque el éxito en lo todo que haces y tu mente se convierte como en un gran imán para atraerlo. Por el contrario, si piensas en el fracaso y la desesperación, pronto te convertirás en miserable y desesperado. Para mantener tu mente en una línea positiva, desde el momento en que comiences a experimentar negativismo, toma una decisión consciente para eliminarlo de inmediato y sustitúyelo por sus contrapartes positivas.

2 DE MAYO

Tu reputación es lo que la gente piensa de ti; tu carácter es indicación de quien eres realmente

Quizás quieres que tu reputación y carácter combinen a la perfección, sin embargo, concéntrate sólo en tu carácter. Puedes engañar a los demás por un tiempo con respecto al tipo de persona que realmente eres, pero ese engaño generalmente dura muy poco. El modo más seguro de confirmar que tu carácter y reputación sean iguales consiste en vivir tu vida de tal manera que nada de lo que hagas te llegue a avergonzar en caso de hacerse público. El buen carácter significa nunca tomar atajos éticos, aún cuando alguien más pueda estar haciéndolo. Por ello construye un buen carácter en base a realizar buenas acciones.

3 DE MAYO

Elige correctamente por la afinidad de carácter
a tus amigos y compañeros de trabajo

Como dice el refrán, "Los pájaros del mismo plumaje siempre vuelan juntos."
Por lo general, normalmente elegimos a nuestros amigos y socios de negocios
que gustan de las mismas cosas que hacemos, o sea, personas que comparten los
mismos valores que nosotros. Si eliges compañeros que sean felices, positivos y
productivos, lo más probable es que en poco tiempo mantengas un carácter de
la misma naturaleza que ellos; feliz, positivo y productivo contigo mismo. Por
desgracia, lo contrario también es cierto. Si escoges por compañeros a gentes
con perfil contrario, es decir, infelices, negativos, y destructivos seguramente
te arrastrarán con ellos hacia tu perdición al asumir esa actitud. Escoge pasar
la mayor parte de tu tiempo con personas que tengan actitud mental positiva
(AMP). Y si tu trabajo requiere que tengas que pasar tiempo con gente negativa,
limita ese tiempo y dale preponderancia a tu capacidad optimista para que no te
dejes superar por la negatividad de tu entorno. Manifiesta en todo momento tu
actitud positiva ante este desafío.

4 DE MAYO

La confiabilidad es la primera piedra en
la formación de un buen carácter

Las personas de carácter llevan a cabo lo que prometen hacer, en los términos
y condiciones con los que se comprometen. Generalmente, estas personas son
líderes, es decir, personas a las que los demás acuden en busca de orientación, ya
que han demostrado su interés en la gente y por ello despiertan confianza en los
demás. Si te respetas a ti mismo lo suficiente para mantener tus compromisos,
incluso ante las adversidades, otros vendrán a ti por el respeto que inspiras. La
confiabilidad, al igual que cualquier otro rasgo de carácter, es un hábito. Comienza
a partir de hoy a cultivar este hermoso hábito de ser confiable. Si postergas o
tienes dificultades para cumplir con tus compromisos, entonces empieza poco
a poco. Empieza por lo sencillo, por ejemplo, a partir de hoy comprométete a
que llegarás a tiempo al trabajo y al cumplirlo también empezaras a administrar

mejor tú tiempo. De esta forma, poco a poco descubrirás que será más fácil hacer más compromisos que te ayudarán a crecer como individuo.

5 DE MAYO

Cita tomada del Libro "Piense y hágase Rico" de Napoleón Hill

Una mente dominada por emociones positivas llega a ser una excelente morada para el estado mental conocido bajo el nombre de fe. Una mente así dominada puede, a capricho, dictar al subconsciente instrucciones que se aceptaran de inmediato.

6 DE MAYO

La persona que es honesta pero a la que se le puede poner un "precio" debe ser calificada como deshonesta

No hay grados de honestidad. Sólo hay valores absolutos. o sé es honesto o no sé es. La honestidad no tiene un precio, la honestidad es su propia recompensa. También es la forma más eficiente de la conducta humana. Las personas honestas no se preocupan por lo que se hable de ellos ni por el riesgo de caer en contradicciones morales. Por lo tanto, son personas que son libres para enfocar todas sus energías en cosas más productivas. Haz de la honestidad todo un hábito en tu forma de vida. Si no puedes ser sincero en lo que dices, mejor no digas nada. Recuerda que las pequeñas mentiras empiezan inocentemente, pero pronto toman el control de nuestras propias vidas. Una pequeña mentira requiere de una más grande para ocultarlo, y puede volverse incontrolable cuando se vuelve un hábito negativo. Ten cuidado al decir tu primera mentira porque puede volverse en tu contra.

7 DE MAYO

Nadie es tan bueno como para que no exista algo malo en él, y nadie es tan malo para que no tenga cosas buenas también

Nosotros, los seres humanos somos de naturaleza muy compleja. Muchos escritos religiosos y las grandes obras literarias se basan en la constante lucha entre el bien y el mal que hay en el interior de cada uno de nosotros. Esta lucha es tan vieja como la humanidad misma. Sin embargo, aunque somos conscientes de nuestra propia luchas internas, a menudo le echamos la culpa a los demás de estos desordenes internos. Los psicólogos nos dicen que no hay malas personas, sólo hay malos comportamientos. Esto tómalo en cuenta para que busques lo bueno de tu persona y de los demás. Cultiva los rasgos buenos de tu carácter y trabaja arduamente en lo que tengas que pulir de lo negativo. Como ocurre con las plantas de un jardín, aquellos rasgos de carácter que crecen fuertes y productivos son los que se alimentan, se riegan y cuidan con esmero más frecuentemente.

8 DE MAYO

El dinero puede ser una influencia buena o mala, dependiendo del carácter de la persona que lo posee

Tal afirmación es verdad. El dinero no tiene carácter, personalidad ni valores. Sus acciones únicamente reflejan los deseos de quien lo posee. El dinero permite edificar grandes hospitales y escuelas, o puede también servir para cosas intrascendentes y suntuosas sin un valor significativo. El dinero puede usarse para construir museos o alojar hermosas obras de arte, puede ayudar a construir hermosas casas o grandes fábricas pero también puede ser útil para generar y adquirir instrumentos de guerra y destrucción. Conforme construyas tu riqueza personal, asegúrate de construir al mismo tiempo tu carácter apartando una parte de esa riqueza para ayudar a tus prójimos en necesidad. Elige a una iglesia, una fundación o una organización caritativa a la que puedas apoyar económica y entusiastamente. Luego aporta el dinero y tu tiempo para esa causa. El beneficiario primario de esas nobles acciones serás tu mismo al realizar la acción de dar más que quien lo reciba.

9 DE MAYO

Si vas a engañar, procura no hacerlo con tu mejor amigo, que eres tu mismo

Una mejor comprensión de todo lo que eres, tus metas, tus sueños y tus aspiraciones, te conducen a una mejor comprensión de quienes te rodean. Es fundamental, por lo tanto, que seas honesto contigo mismo en todo momento. En el preciso instante que empieces a engañarte a ti mismo será el comienzo de la declinación de tu carácter, y será el inicio de un proceso continuo de justificación de comportamientos inaceptables. Asegúrate de amarte como persona y de adquirir solidez en tu carácter. Si no te quieres, ¿cómo esperar que otros te quieran? Da un paso atrás y examina tu comportamiento tan lógicamente como sea posible. Pregúntate: "¿Soy la clase de persona que a los demás les gustaría tener como compañía?". El desarrollo de buenos rasgos de carácter es como el logro de cualquier otro objetivo. Determina a dónde quieres llegar y luego desarrolla un plan para llegar allí.

10 DE MAYO

Cita tomada del Libro "Piense y hágase Rico" de Napoleón Hill

En todos los tiempos, los religiosos han amonestado a la humanidad para que tengan fe en esto, o en aquel dogma o credo, pero nunca le han dicho a la gente como se ha de tener esa fe. No han declarado abiertamente que la fe es un estado mental al que puede introducirse mediante la autosugestión.

11 DE MAYO

La prepotencia generalmente es la admisión de un complejo de inferioridad

Las personas realmente capaces no tienen que presumir sus logros, al contrario, dejan que sus acciones hablen por ellos mismos. Cuando asumes una actitud de arrogancia con respecto a tus logros, lo que haces es decirles a los demás que eres inseguro de ti mismo y del valor que tienes en el mundo. El entrenador de Béisbol Tom Lasorda alguna vez hizo la observación de que hay un tipo de personas que solo son simples espectadores de la vida, otros que se preguntan por qué suceden las cosas en la vida, y un tercer grupo que inducen a que las cosas sucedan. Esfuérzate a ser parte de este último grupo de gentes que son generadores de acciones. Si les muestras a los demás lo que tú puedes hacer, te respetarán mucho más que si simplemente les dices lo que tu has hecho en la vida. Cualquiera puede sobrevivir con sus palabras, pero finalmente las acciones son las que hablan por si solas.

12 DE MAYO

Una persona perezosa, que deba su pereza a una enfermedad o a la displicencia, estará negada para el éxito

Nadie es flojo por naturaleza. Nuestra naturaleza humana nos lleva a la actividad a menos de que estemos enfermos y cuando eso pasa, una señal segura de que empezamos a recuperarnos de una enfermedad es el deseo de levantarnos para ponernos activos y volver al trabajo para hacer algo, cualquier cosa. La inactividad conduce al aburrimiento y el aburrimiento lleva a la "pereza". Por el contrario, la actividad conduce a la búsqueda de intereses y esto a su vez conduce al entusiasmo y la ambición. W. Clement Stone a menudo decía: "Las emociones no están siempre sujetas a la razón, sino a la acción!" Determina en lo que eres mejor y lo que te gustaría hacer, y luego desarrolla un ardiente deseo de ser el mejor en eso que elegiste. Sólo es cuestión de que lo pongas en acción.

13 DE MAYO

La honestidad es una cualidad espiritual que no se puede evaluar en términos de dinero

Hay muchas razones de peso que justifican la práctica de la honestidad. Se requiere mucho menos esfuerzo ser genuino a ser mentiroso, y a la larga los riesgos son menores y la recompensa mucho mayor. Sin embargo, en la sociedad compleja de hoy día, las fronteras de un comportamiento aceptable llegan a ser tan poco claras que pueden volverse indistinguibles. Las leyes y los códigos de ética establecen estándares mínimos de comportamiento. Cerciórate de establecer normas para ti mismo que superen dichos mínimos. Tus propias normas te permitirán decidir rápidamente y de manera sencilla el curso de acción adecuado cuando te topes con problemas difíciles.

14 DE MAYO

Los banqueros suelen prestar dinero en base al carácter y solvencia, y rara vez sólo en la reputación, porque la experiencia les ha enseñado que no todas las reputaciones son confiables

Cuando se evalúa la posibilidad de un préstamo, un banco concede gran importancia a tres cosas: la capacidad del prestatario para pagar el préstamo, su historia crediticia y el carácter e imagen del solicitante. Las dos primeras consideraciones se puede calcular matemáticamente, y el tercero requiere de juicio y experiencia. Los banqueros prudentes han aprendido que las personas con seriedad de carácter son siempre un buen riesgo porque toman en serio sus obligaciones, mientras que los que gastan sus recursos en las trampas del éxito se debe evitar a toda costa. Protege tu buena reputación como protegerías tu hogar, tus inversiones, y tu vida misma. Cuando una reputación se hace añicos, sólo lo pueden recuperar aquellos que han desarrollado el coraje y la fuerza de voluntad para perseverar ante los retos y grandes dificultades.

15 DE MAYO

Cita tomada del Libro "Piense y hágase Rico" de Napoleón Hill

La fe es el elixir eterno que da vida, poder y acción para impulsar al pensamiento. Es el punto de partida para toda acumulación de riquezas. La fe es la base de todos los milagros y de todos los misterios que no pueden analizarse mediante las reglas de la ciencia y es el único antídoto contra el fracaso.

16 DE MAYO

La falsedad es un estigma que te puede marcar y perseguir por siempre

Es virtualmente imposible ocultar una verdad por siempre ya que tarde o temprano la verdad siempre sale a la luz. Este sencillo hecho es el fundamento de nuestro sistema judicial y la base sobre la cual todas las relaciones humanas se forman. Una empresa, una profesión, o una relación personal construida sobre una mentira no puede durar mucho tiempo, pero cuando se basan en la verdad y la equidad de beneficios su durabilidad es ilimitada. Procura que decir la verdad sea toda una práctica en todo lo que hagas, incluso hasta en lo aparentemente intrascendente. Sabes que siempre es mejor decir la verdad y afrontar las consecuencias, a poner en marcha una mentira que con el tiempo te marcará como una persona nada digna de confiar y respetar.

17 DE MAYO

Preocúpate por ser una mejor persona y tu reputación se venderá muy bien por si sola

La mayoría de nosotros en algún momento de nuestras vidas hemos sido malinterpretados por parte de aquellos que son importantes para nosotros. A veces piensan que tomamos acciones que van orientadas a causarles un perjuicio cuando en realidad nuestras intenciones estaban encaminadas en un objetivo totalmente distinto. Afortunadamente, estos malentendidos suelen aclararse rápidamente y la vida continúa. Lo mismo ocurre con el carácter y la reputación. Si por alguna razón tu reputación no coincide con tu carácter esto pronto se corrige cuando los demás descubren que no eras para nada el tipo de persona que ellos suponían que eras. Si tus cimientos son sólidos nunca te preocuparás por las malas impresiones que a veces causes en los demás. Y por lo mismo las personas aprenden pronto el tipo de persona que realmente eres. Invierte tu tiempo y energía en construir un sólido carácter y como resultado nunca tendrás que preocuparte de lo que los demás piensen de ti.

18 DE MAYO

**Cuando tienes un sólido carácter, encontrarás
que generalmente no será para ti mayor
preocupación la reputación**

Thomas Jefferson alguna vez dijo que la grandeza de un hombre se mide por
la solidez de sus convicciones. Cuando tienes la motivación, que nace de la
convicción sincera de que eres una persona de carácter sólido, honesto, amable,
y cariñoso, nunca tendrás que preocuparte de lo que piensen los demás acerca de
ti. Si sabes de corazón que eres bueno y decente, podrás enfrentar los desafíos de
la vida con la frente en alto sin el temor de lo que los demás opinen al respecto.

19 DE MAYO

**Es muy fácil justificar la falta de honradez, cuando
haces de ella una forma de ganarte la vida**

El subconsciente no hace juicios morales. Si te dices algo a ti mismo una y otra
vez, tu subconsciente eventualmente lo aceptará como un hecho, incluso la
mentira más descarada. Aquellos cuyas vidas y carreras han sido destruidos por un
comportamiento deshonesto iniciaron su proceso de autodestrucción cuando se
convencieron de que cualquier infracción leve de las normas no merece la mayor
importancia. Cuando te surja una idea, asegúrate de que esa idea sea positiva,
benéfica para ti, y no dañina para los demás. Al igual que los pensamientos y actos
negativos se les regresa a quien los hace, del mismo modo actúan los pensamientos
y actos positivos que tengas. Cuando se practica un comportamiento honesto y
ético, la vida te recompensará esta acción con creces.

20 DE MAYO

Cita tomada del Libro "Piense y hágase Rico" de Napoleón Hill

Es un hecho bien conocido que uno llega finalmente a creer lo que a si mismo se repite constantemente, "ya sea algo cierto o falso". Si un hombre repite una mentira constantemente, eventualmente aceptará tal mentira como una verdad. Además, llegará a creer que esa es la verdad. Por eso, todo hombre es lo que es a causa de los pensamientos dominantes que permite que ocupen su mente.

21 DE MAYO

No busques en las estrellas la causa de tus infortunios, busca en ti mismo esas causas y obtendrás mejores resultados

Hay muchas cosas que no puedes controlar, sin embargo, si puedes controlar las dos cosas que realmente importan: tu mente y tu actitud. Las fuerzas externas tienen muy poco que ver con el éxito. Los que se programan para tener éxito encuentran el modo de lograrlo, incluso en las circunstancias más adversas y difíciles. Las soluciones a la mayoría de los problemas provienen de una sola fuente y origen, de ti mismo. Vivir la vida al máximo es muy parecido a practicar el deporte extremo de remar en balsas en corrientes rápidas de agua. Una vez que haces un compromiso es difícil cambiar de opinión, darle la vuelta, y remar contra la corriente hacia aguas más tranquilas. Es la emoción y la aventura lo que hace que todo valga la pena. Si no lo intentas, nunca conocerás las profundidades de la desesperación, pero tampoco sentirás la emoción del éxito.

22 DE MAYO

Los grandes logros nacen de la lucha constante

Nuestra fortaleza nace de nuestra debilidad, dijo Ralph Waldo Emerson. "Cuando nos atacan en lo que más nos duele o en los momentos de más apremio la indignación nos hace sacar fuerza de donde menos imaginamos". La lucha constante y el coraje pueden inspirar a superar las adversidades, impulsándonos a lograr nuestras metas. Considera a todo esfuerzo como una oportunidad para el crecimiento personal. Es en si misma la propia lucha y no el resultado con lo que se construye el carácter. Cuando sepas que tienes la razón, mantén el curso aún cuando el mundo entero parezca estar en contra tuya y todos cuestionen tus decisiones. Cuando a la larga los resultados demuestren que tenías la razón cambiarán de opinión y se te reconocerá el esfuerzo y si por el contrario te equivocas reconócelo en su momento y rectifica.

23 DE MAYO

El individuo que únicamente ocupa su tiempo para los chismes y rumores está muy ocupado para aspirar al éxito

Todos nosotros disponemos de una cantidad finita de tiempo, energía y dinero, por lo que debes ser selectivo de cómo invertir cada uno de estos conceptos. Si eliges dilapidar tus recursos aprovechándote de los demás en un intento de avanzar para tus propios intereses, pronto te darás cuenta que gran parte de tu tiempo y energía se están desperdiciando en chismes y rumores dejando muy poco tiempo para ti mismo. Si te enfocas a la información maliciosa, raramente confiaran en ti. Como dice el dicho: "Quienes hablan contigo mal de los demás, no dudes que hablaran mal de ti con esas personas a quienes critican."

24 DE MAYO

La cortesía normalmente comienza en el hogar o de lo contrario nunca se inicia

La cortesía hacia los demás normalmente nace del respeto que uno se tiene a si mismo desde la infancia. Cuando te tratan con respeto los demás miembros de la familia, tú aprendes a respetarlos también. La autoestima que se origina cuando eres reconocido por parte de la gente que te importa más, te ayuda a desarrollar la confianza necesaria para tener éxito posteriormente en la vida. La cortesía y la consideración hacia los demás son hábitos que se arraigan y permanecen contigo por toda la vida. La cortesía común puede parecer relativamente insignificante dentro del gran esquema de la vida diaria en que estamos inmersos, no obstante es un acto de reflexión de valores más fundamentales. Lo más importante es que si tú desarrollas el hábito de respetar a los demás, entonces es más probable que te respeten quienes te rodean.

25 DE MAYO

Cita tomada del Libro "Piense y hágase Rico" de Napoleón Hill

Los pensamientos que se mezclan con cualquiera de los sentimientos emocionales, constituyen una fuerza magnética que atrae a otros pensamientos similares o relacionados. Un pensamiento así magnetizado con emociones puede compararse a una semilla que cuando se planta en terreno fértil germina, crece y se multiplica una y otra vez, hasta que aquella pequeña semilla original se convierte en millones de semillas de la misma clase.

26 DE MAYO

Un carácter sólido se forma del acto de respetarse a si mismo

Nadie sabe realmente como vamos desarrollando el respeto a uno mismo, sin embargo, hay expertos que creen que esta cualidad se inicia a edad muy temprana. Los padres que les demuestran a sus hijos que los aman incondicionalmente, por el sólo hecho de ser quienes son, construyen el cimiento de un autorespeto saludable que sostendrá a los hijos por el resto de sus vidas. De este cimiento nace la estructura moral y ética conocida como carácter. El autorespeto saludable no debe confundirse con el egocentrismo. Un ególatra se ama a si mismo justificándose en razones de lo más superficial, mientras que la persona que practica el respeto a si mismo se enorgullece de las cualidades de carácter que él o ella han trabajado duro para desarrollarlo.

27 DE MAYO

**Un aprovechamiento útil de tu tiempo es la práctica
de la meditación silenciosa porque encuentras
tu verdadero camino dentro de ti mismo**

Todos experimentamos en nuestras vidas algunos momentos que nos hacen ver las cosas de manera distinta a como las vemos normalmente y de modo diferente. Sin embargo, la introspección silenciosa nos ayuda notablemente a enterarnos de la verdad sobre nosotros mismos poco a poco. Todos somos espirituales, pero algunos de nosotros hemos aprendido a aprovechar más eficazmente esa gran fuerza que reside en la parte espiritual de nosotros mismos. El espíritu no es bullicioso y ruidoso. Ponerse en contacto con tu propia espiritualidad requiere de tranquilidad y soledad. Asegúrate de dedicar una parte de todos los días para pensar, estudiar y reflexionar sobre tu vida. Elige un momento y el lugar que mejor te permitan relajar la mente y dedicar tus pensamientos a la reflexión.

28 DE MAYO

**Cuando tienes más enemigos que amigos, las probabilidades
son de una en mil de convertirlos en tus amigos**

Abraham Lincoln alguna vez dijo: "Puedes hacer tonta a algunas gentes por algún tiempo, puedes incluso engañarlos a esos pocos durante todo el tiempo; pero no podrás hacer tontos a todos por todo el tiempo". Independientemente de lo inteligente que puedas ser, siempre habrá gentes que en su momento descubrirán tus intenciones y te desenmascaran y tarde o temprano la verdad saldrá a la luz. Por regla general, la gente te acepta por lo que dices y esa idea se mantiene hasta que se pone a prueba tu sinceridad. Por ello nunca te aproveches de la bondad y nobleza de los demás. En vez de eso, gánate amigos, no enemigos.

29 DE MAYO

Cuando logras obtener un completo control de ti mismo, puedes entonces ser apto para ser tu propio jefe

Todos nosotros tenemos momentos en los que reaccionamos emocionalmente, especialmente con coraje cuando nos hacen enojar. Frecuentemente, después de que eso ocurre nos arrepentimos de nuestras acciones más tarde, y juramos no volver a caer en la misma actitud nuevamente con resultados fallidos. La siguiente vez que sientas que te hierve la sangre, acuérdate que nadie te hará enojar o perder el control sin tu consentimiento real, por lo que para que eso suceda siempre se requerirá de tu colaboración. Aquellos que han aprendido a controlarse y administrarse en todos los sentidos, están destinados a ser líderes. Son personas a las que se elige para administrar a otras personas por el hecho de demostrar que son aptos para manejarse a si mismos. Son gente de carácter.

30 DE MAYO

El privilegio de traer niños al mundo lleva consigo la gran responsabilidad de enseñarles los fundamentos de una sólida educación

Una de las mayores alegrías de la vida es el sentido de la maravilla que acompaña la llegada de un nuevo ser al mundo. Pero esa alegría va acompañada de una responsabilidad tremenda que significa asumir perfectamente la necesidad de una sólida formación. Puedes proporcionar a tus hijos con todas las ventajas y comodidades de una buena infancia, pero a menos que te esfuerces por ser un buen ejemplo que ellos puedan seguir, harás de ellos hombres de bien como adultos y con propósitos específicos en su vida futura. Tu conducta personal debe caracterizarse siempre por un comportamiento ejemplar, ya sea que tú seas el responsable o no de educarlos. No puedes tomar atajos éticos, grandes o pequeños, sin que otras personas dentro de tu núcleo familiar respalden también con el ejemplo los actos de formación de tus hijos. Ciertamente se cometen errores en el camino, pero si siempre has luchado por recorrer el mejor camino, ellos lo reconocerán y así te trataran en consecuencia.

31 DE MAYO

Mucho pago y poca responsabilidad son circunstancias que raras veces se encuentran juntas

Es posible ir por la vida sin responsabilidades, pero esa libertad aparente tiene un enorme costo financiero. Si haces de ese hábito algo práctico en tu vida, te perderás entonces de las oportunidades que siempre están implícitas en todo acto de responsabilidad. En casi cualquier vocación o profesión, tu remuneración es directamente proporcional a la responsabilidad inherente al puesto que desempeñes. Conviértete en una persona deseosa de mayores responsabilidades, o, simplemente asume las que tengas dignamente. En ocasiones debes enfrentar y resolver situaciones que ni siquiera formalmente se te hayan asignado, pero cuando ello ocurra y si sales airoso y demuestras solidez de convicciones y conocimientos, por consecuencia la responsabilidad y una remuneración más alta por tu trabajo será el resultado lógico de esa acción.

JUNIO

1 DE JUNIO

Cuando se te pide hacer un trabajo, la persona solicitante debe asumir la responsabilidad de los resultados, y cuando lo hagas a tu manera, eres quien tiene que asumir esa responsabilidad

"La responsabilidad no compartida", que es propia de los altos funcionarios en las organizaciones, es la práctica común existente en toda empresa organizada. Sólo ellos son los responsables por el éxito o el fracaso de la organización. Pueden compartir su autoridad con otros mandos, pero no su responsabilidad. Cuando una franquicia deportiva sufre una pésima temporada de derrotas, el director general y los entrenadores tienen que rendir cuentas y asumir su responsabilidad. Ellos principalmente, y no sólo los jugadores, son responsables por el fracaso del equipo, ya que éstos últimos se limitan a seguir ordenes. Cuando te conviertes en un líder y determinas el curso de acción, debes aceptar tu responsabilidad por los resultados.

2 DE JUNIO

Los altos salarios y la capacidad de asumir la responsabilidad son dos factores que van de la mano

Se ha dicho que el trabajo de un líder es inspirar a otros a alcanzar altos niveles de logro, mientras que el trabajo de un gerente es la de proteger los activos de los inversionistas. Las personas más exitosas son aquellas que reconocen las similitudes y diferencias entre las responsabilidades de liderazgo y gestión, asumiendo ambas tareas con igual habilidad y aplomo. Cuando lo hacen, se dan cuenta de las recompensas que son proporcionales a sus esfuerzos. Cuando aceptas de buena gana la responsabilidad de tus propias acciones y haces tu trabajo de tal manera que proteges los intereses de tu patrón, pronto se te encomiendan responsabilidades cada vez más importantes. Y como resultado, aquellos que tienen la capacidad de asumir la responsabilidad para el éxito de una organización o proyecto, siempre devengarán los sueldos más altos como reconocimiento a su esfuerzo.

3 DE JUNIO

Actúa con tu propia iniciativa, pero prepárate para asumir la total responsabilidad de tus actos

Una de las diferencias primarias entre aquellos que alcanzan sus objetivos en la vida y aquellos que se las ingenian sólo para "sobrevivir", consiste en que la gente exitosa aprende temprano en la vida a ser triunfador y desde chicos son responsables de sus propios actos. Nadie te puede convertir en exitosa o en desistir de tus sueños sin tu aprobación. Tomar la iniciativa significa asumir un papel de liderazgo y una posición de autocrítica. El buen líder es aquel que comparte el crédito del éxito con los demás y que asume por completo la responsabilidad por fallas y fracasos temporales. Cuando aceptas la responsabilidad de tus acciones, te ganas el respeto de los demás y estás en el camino de construir para bien tu propio futuro.

4 DE JUNIO

El mejor trabajo se asigna a quien puede desempeñarlo con responsabilidad y sin temblar ante los desafíos

A menudo descubrimos lo equivocados que estábamos al desconocer que la gente que vemos como "exitosos de la noche a la mañana" en realidad han trabajado durante años en la oscuridad antes de ser finalmente reconocidos y recompensados por sus esfuerzos. El éxito es un esfuerzo acumulado, el viaje a la cima en cualquier área suele ser largo y requiere de una planificación cuidadosa. Si deseas subir el primer peldaño en la escalera del éxito, siempre debes tomar la iniciativa para hacer el trabajo, incluso cuando esto implique superar numerosos escollos que lo hagan desagradable, de todos modos con el tiempo se te reconocerá ese esfuerzo. Aunque tu mejor recompensa sea el logro de mejores posiciones, no puedes pasar por alto la habilidad de liderazgo que habrás adquirido por ese gran hábito de tomar la iniciativa de hacer el trabajo. Recibirás los mejores puestos de trabajo porque habrás demostrado que eres confiable para aceptar la responsabilidad de tus acciones.

5 DE JUNIO

Cita tomada del Libro "Piense y hágase Rico" de Napoleón Hill

Decídete a arrojar por la ventana las influencias de cualquier infortunado ambiente, y a partir de ahí construye tu vida ordenadamente, haciendo un inventario de tus capacidades y valores mentales, y de este modo quizás descubras que tu mayor debilidad sea la falta de confianza en ti mismo.

6 DE JUNIO

Se necesita algo más que una voz fuerte para ganarse el respeto a la autoridad

Margaret Thatcher dijo una vez que ser poderoso es como ser una dama: Si tienes que decirle a los demás que lo eres, al decirlo no lo eres. Los grandes líderes se ganan el respeto por la forma en que se conducen y no por lo estruendoso de sus órdenes. El respeto se gana al respetar a los demás. Sigue la regla de oro en tu trato con los demás, y vas a ganar su lealtad por siempre. Si alguna vez esperas tener autoridad sobre los demás, primero debes probar que eres digno. Debes demostrar a los demás de que te preocupas por ellos, y como un líder, que siempre estás al pendiente por sus intereses. Un buen oficial siempre se asegura de que las tropas estén previstas de suministros antes de exigirles resultados en el campo de batalla. Es una lección que con demasiada frecuencia se pasa por alto en la lucha por llegar a la cima, pero que de no hacerlo evita también tu éxito.

7 DE JUNIO

La persona que trabaja normalmente más duro cuando su jefe no está presente, es más probable que esté en la ruta a un mejor empleo

Es un hecho que nunca alcanzas grandes alturas de éxito cuando te desempeñas mejor sólo cuando te están observando. Las normas más precisas de desempeño deben ser aquellas que tú estableces para llevar a cabo y no aquellas que se te asignen. Cuando son mayores las expectativas que tienes para desempeñarte mejor en el trabajo, en la misma proporción serán las expectativas que tu jefe tenga de ti mismo, y eso se traducirá en que nunca tendrás que preocuparte en la seguridad de tu empleo. Cuando trabajas a tus normas más altas de desempeño las promociones llegaran por si solas y más pronto de lo que te imaginas.

8 DE JUNIO

La pereza y negligencia en el trabajo afecta a quien te contrata, pero más te afecta ti como persona

Algunas personas gastan mucha más energía para eludir la obligación de hacer sus trabajos que lo que gastarían haciéndolo bien si así se lo propusieran. Al hacer esto, ellos piensan que están engañando a su jefe, pero sólo se engañan a sí mismos. Un empleador no puede conocer todos los detalles de cada trabajo ni supervisar que cada empleado realice sus tareas correctamente; pero en cambio un buen gerente si sabe como evaluar los resultados del trabajo de sus empleados. Puedes estar seguro que cuando se evalúan promociones o ascensos los últimos en aparecer en las listas son aquellos que se caractericen por ser holgazanes e irresponsables. Cuando realizas tu trabajo bien y con entusiasmo, no sólo es más probable que por esas acciones muy pronto se te reconozca o recompense, sino también al hacerlo te ayuda a que ejecutes tus tareas mucho mejor. A medida que te vuelves más eficiente, te conviertes también en una pieza muy importante para tu empresa. Y por si fuera poco adquieres el más valioso de todos los valores, la confiabilidad de ser una persona en quien confiar por sus habilidades y responsabilidad, para grandes retos.

9 DE JUNIO

No codicies el trabajo de tus compañeros si no estás dispuesto a aceptar las responsabilidades inherentes a sus puestos

¿Eres de los que frecuentemente miran a sus compañeros de su entorno laboral sólo para decirte a ti mismo que puedes hacer sus trabajos con más calidad si tan sólo te dieran la oportunidad? Pero, ¿también te has preguntado el precio que ellos han tenido que pagar por su esfuerzo y los conocimientos que han acumulado para ganar el derecho a obtener esa posición? Es muy fácil juzgar las acciones de los demás pero sería mucho más productivo reconocer las contribuciones de esas personas y darles el crédito por el trabajo bien hecho. Si aspiras a un mayor nivel de reconocimiento, demuéstrale a tus demás compañeros, así como a tus superiores, que pueden contar contigo por tu eficiencia. Las recompensas más grandes del mundo la reciben aquellos que siempre cumplen sus promesas.

10 DE JUNIO

Cita tomada del Libro "Piense y hágase Rico" de Napoleón Hill

El subconsciente no establece distinción entre los impulsos de pensamiento constructivo y destructivo. Trabaja con los impulsos que nosotros le suministramos, a través de nuestros pensamientos. El subconsciente traduce a la realidad esos pensamientos que lo mismo pueden ser impulsados por el miedo que por el valor o la fe.

11 DE JUNIO

Tu progreso en la vida se inicia en tu propia mente y concluye en el mismo sitio

Todo gran logro tiene su comienzo en la semilla de una idea que nace en la mente de una gran persona, luego esa semilla toma forma de utilidad práctica y finalmente se transforma en realidad. Haz de tu propia mente un terreno fértil de cultivo para las ideas a través del estudio y aprendizaje constantes para disciplinarte a ti mismo y seguir avanzando con tus buenas ideas. El concepto más brillante en el mundo será y seguirá siendo sólo un sueño a menos que lo pongas en práctica. Incluso la idea más mediocre puesta en práctica es mucho más valiosa que un chispazo de ingenio que nazca de una mente indisciplinada.

12 DE JUNIO

El exceso de precaución es tan malo como no ser precavido, ya que propicia que la gente se vuelva suspicaz

Si esperas que los demás tengan confianza en ti, debes conducirte de tal modo que inspires confianza. Ser tan precavido hasta el grado de que nunca intentes nuevos retos daña tu credibilidad tanto como ser completamente confiado e involucrarte en cualquier proyecto que venga a tu vida sin pensarlo debidamente. (La mayoría de la gente se involucra en comportamientos extremos sin un suficiente análisis de los riesgos que ello implica). Pero tampoco seas victima de "la parálisis por análisis excesivo". En su lugar, aprende a separar los hechos de las opiniones y asegúrate de que tus decisiones y las acciones subsecuentes se basen en información confiable. Y luego ¡pon manos a la obra!

13 DE JUNIO

La desidia es el hábito de posponer hasta pasado mañana lo que debió hacerse desde antier

Para aquella persona que lucha por alcanzar sus metas, quizás el hábito más destructivo y peligroso sea la desidia, porque te roba la posibilidad de poner en acción tu iniciativa. Cuando pospones planes y proyectos, es más fácil que los vuelvas a posponer, hasta convertir esa acción en un hábito muy difícil de poder erradicar. Tristemente, los efectos de este mal hábito son acumulativos. Te sorprenderá lo rápido que comienzas a sentirte mejor contigo mismo y en todo lo que haces, cuando decides enfrentar los hechos de inmediato y resolverlos. Como alguna vez dijera el primer ministro británico Benjamín Disraeli, "Ser decidido no siempre trae la felicidad; pero no hay felicidad sin ser decidido y emprendedor."

14 DE JUNIO

Normalmente no tienes que hacer más de lo que recibes por pago, pero en cambio si puedes dar un esfuerzo extra voluntario en tu trabajo que te ayudará a avanzar más rápidamente a mejores posiciones

La iniciativa es una cualidad a veces extremadamente rara que mueve, no obliga, a una persona a hacer algo que sería recomendable hacer sin que se le tenga que decir. También es uno de las cualidades básicas a las que el mundo da una gran importancia. Tener iniciativa inmediatamente te distingue de la competencia, independientemente del trabajo que tengas, ya sea que seas un empresario, un proveedor de servicios profesionales, un miembro del personal de la empresa o un trabajador por hora. Tu jefe y sus clientes o tus propios clientes de inmediato notan cuando eres de iniciativa y llegan hasta el grado de depender de ti porque demuestras ser una persona con la que se puede contar siempre para ir más allá en la búsqueda de soluciones.

15 DE JUNIO

Cita tomada del Libro "Piense y hágase Rico" de Napoleón Hill

Así como la electricidad hace girar las ruedas de la industria y rinde útiles servicios cuando se le emplea constructivamente, o mata la vida cuando se le emplea erróneamente, así mismo la ley de la autosugestión te conducirá a la paz y prosperidad o al valle de la miseria y el fracaso, de acuerdo con tu grado de comprensión y aplicación que le des a ella.

16 DE JUNIO

Cada vez que te gane la desesperanza sólo piensa en Helen Keller, quien, a pesar de que era sorda y ciega inspiró a sus contemporáneos que tenían todos sus sentidos completos, a través de sus libros

La vida de Helen Keller es un ejemplo sobresaliente del triunfo del espíritu humano sobre la discapacidad física. Aún hoy, décadas después de su muerte, su vida se erige como un faro de esperanza para aquellos que constantemente tienen que luchar con muchos esfuerzos para realizar tareas sencillas que para la mayoría de nosotros son de rutina. Cada vez que sientas que el destino ha sido cruel contigo, todo lo que debes hacer es mirar a tu alrededor y comenzarás a apreciar lo afortunado que eres. Asegúrate de que tu plan de vida incluya dar algo a la comunidad sin esperar nada a cambio. Dar tiempo y esfuerzo, no sólo dinero, refuerza tus conexiones con tu comunidad, te ofrece una prueba concreta de la eficacia de la acción deliberada, y te recuerda el poder inspirador de la determinación de la actividad humana.

17 DE JUNIO

Un muchacho ciego pagó sus estudios de maestría en una universidad tomando sus notas de clase en lectura Braile, mecanografiándolas y luego vendiéndoselas a sus compañeros que a pesar de contar con una vista fuerte y normal eran de ambición débil

Uno de los grandes misterios de la vida es por qué algunas personas que parecen tener todas las ventajas, la educación, la experiencia y todo a su favor pareciera que no tienen nada, mientras que otros que han tenido que luchar por todo, enfrentando discapacidades y desventajas logran alcanzar alturas increíbles de éxito. Si tienes la voluntad de tener éxito, de alguna manera encontrarás la forma de alcanzarlo, sin importar los obstáculos que encuentres. En tu caso, ¿Utilizas todos tus recursos para alcanzar tus metas, o estás en desventaja por tu falta de ambición? Ninguna otra persona puede crear en ti el deseo de tener éxito.

Con la motivación suficiente, podrás identificar las cosas a tu alrededor que te ayudarán a alcanzar tus objetivos y que antes pasaban inadvertidas por ti por carecer de ambición.

18 DE JUNIO

La persona que se queja de nunca haber recibido una oportunidad en la vida, quizás no tenga el coraje de aprovechar esa oportunidad cuando se presente

Thomas Alva Edison alguna vez dijo que la razón por la que la mayoría de las personas no saben reconocer una oportunidad cuando llega a sus vidas se debe a que frecuentemente se presenta disfrazada en forma de trabajo. Frecuentemente la oportunidad involucra mucho trabajo y voluntad para sacar provecho de ella, aunque el resultado pueda ser incierto. Eventualmente tú llegas a un punto en el que debes aceptar una oportunidad con todo lo desconocido que ello implique o de lo contrario puede darte la espalda. Nadie te puede decir el momento en que has llegado a ese punto, sólo tú sabes el momento necesario para moverte hacia delante, y tener la motivación para aprovechar la oportunidad que se presente.

19 DE JUNIO

El desidioso habitual es siempre un experto en pretextos y excusas

Cuando eres desidioso, siempre encuentras las excusas necesarias para no haber hecho lo que deberías hacer. Es mucho más fácil justificar razones de dificultad, dinero o exceso de consumo de tiempo que aceptar la idea de que se pueden lograr las cosas simplemente con disposición a trabajar lo suficientemente duro, lo suficientemente inteligente y con el suficiente tiempo. Si encuentras que frecuentemente inventas excusas que justifican tu inacción e indisposición para hacer las cosas y recurres a pretextos por la falta de resultados, entonces es el momento ideal para hacer un autoanálisis de tu realidad. Deja de dar explicaciones y empieza a actuar!

20 DE JUNIO

Cita tomada del Libro "Piense y hágase
Rico" de Napoleón Hill

Al igual que el viento lleva a un buque hacia el este o hacia el oeste, la ley de la autosugestión te puede arrastrar hacia un lado bueno o hacia un lado malo, dependiendo de cómo orientes las "velas de tus pensamientos". Si "crees" que estás derrotado, lo estarás. Y si "crees" que no, entonces no lo estarás. Y si te gusta ganar pero "crees" que no puedes, entonces es casi "seguro" que no ganarás.

21 DE JUNIO

En una empresa bien administrada, todas las promociones
se fabrican automáticamente. Los jefes únicamente
cumplen con la labor de que las promociones sean justas

La fórmula perfecta para la destrucción de la moral en cualquier organización es crear un ambiente de trabajo que lleve a los empleados a creer que la única manera de salir adelante es siendo político o adulador. Las empresas mejor administradas son aquellas en las que se gana cada promoción y cada persona calificada tiene la misma oportunidad de competir por ella. Si eres un gerente, evalúa todas las decisiones relacionadas con tus empleados sobre una base de equidad. Y si aspiras a ser un gerente, busca trabajar para una compañía que sea justa en su trato con los trabajadores. Cuando te ganas un puesto en base a tu habilidad y eficacia, ten la seguridad de que tienes el mejor trabajo posible.

22 DE JUNIO

Si trabajas con la misma pasión en lo que haces que en lo
que debes hacer, se te abrirán las puertas en todas partes

Se ha dicho que siempre se debe trabajar en dos empleos al mismo tiempo: en el que ya tienes y en el que desearías tener. Cuando trabajas con la misma pasión y esfuerzo en lo que quieres hacer como en lo que debes hacer, te estarás preparando para un promisorio futuro. Estarás aprendiendo las habilidades que te permitirán crecer más allá de tu posición actual y aspirar a los privilegiados puestos de tu jefe y del jefe de tu jefe. Y cuando llegue ese momento, estarás totalmente listo para el desafío. Cuando ya hayas dominado una tarea, no te duermas en tus laureles. En vez de eso, comienza de inmediato a pensar en el futuro, sobre cómo puedes mejorar lo que estás haciendo ahora, y lo que puedes mejorar para poder progresar en el futuro. La nuestra es una economía basada en el conocimiento, en la que la propiedad intelectual tiene un valor mucho más alto que los bienes físicos. Para tener éxito hoy en día se requiere tener un aprendizaje continuo; mantenerse al día en la actividad en la que uno se desenvuelve y eso a su vez significa toda una vida de estudio en nuestro mundo actual lleno de una actividad vertiginosa.

23 DE JUNIO

Ahorra gastos a tu empresa, y en la misma proporción la empresa ahorrará dinero para ti

La recompensa puede no verse de inmediato, quizás no hoy, no la siguiente semana o el siguiente año, pero tarde o temprano llega. Cuando te preocupas por cuidar los activos de tu empresa como si fueran las tuyas propias, demuestras con ello ser confiable y digno de confianza para todos a tu alrededor, incluyendo jefes y compañeros de trabajo. Al hacerlo estás destinado para mejores y más grandes proyectos. No es necesario que los ahorros sean grandes. Más bien lo más importante es el hábito de eliminar los desperdicios y buscar oportunidades de ahorrar dinero. Examina todo lo que haces para ver como lo podrías hacer más económicamente, y como resultado será inevitable que pronto te encuentres a ti mismo a cargo de presupuestos de mayor cuantía y a cargo de mayor cantidad de subordinados.

24 DE JUNIO

Averigua como volver más productiva a tu empresa, y ésta te recompensará con creces

Es del conocimiento general que la persona que más sabe acerca de cómo mejorar la productividad en cualquier tipo de trabajo es la persona más segura y estable en su puesto. ¿Por qué, entonces, a menudo somos reacios a ofrecer sugerencias para mejorar? Los despidos y reorganizaciones nos deben hacer reflexionar en el hecho de que debemos ser más participativos y contribuir más con ideas y opiniones para aspirar a mejores posiciones dentro de nuestra empresa. Los que saben dicen que cuando encuentras formas de hacer las cosas de mejor manera, más rápidas y más baratas, despertarás mayor confianza de tus jefes y aumentarás tu valor como empleado. Cuando eso sucede, se solicitará de una mayor participación de tu parte en las reuniones de planeación y círculos de calidad porque habrás demostrado que sabes muy bien como hacer las cosas eficientemente. Y como resultado, será inevitable tu ascenso a mejores posiciones porque te habrás convertido en uno de esos empleados excepcionales que no se pueden dejar ir en una organización.

25 DE JUNIO

Cita tomada del Libro "Piense y hágase Rico" de Napoleón Hill

Si "crees" en tu inferioridad, así será. Tendrás que "pensar" alto para prosperar, y tendrás que estar "seguro de ti mismo" antes de que logres un premio ganar. Las batallas de la vida no las ganan el hombre más rápido o más fuerte, sino que más pronto o más tarde el hombre que gana es aquel "que piensa que puede ganar."

26 DE JUNIO

Nadie te puede desmotivar más que tu mismo

¿Has sentido alguna vez que te has convertido tu mismo en tu peor enemigo? Todos tenemos momentos en los que, a pesar de cuanto nos esforcemos, las cosas no funcionan bien y todo nos sale mal, y para colmo no tenemos a nadie a quien culpar sino a nosotros mismos. Pero, del mismo modo que a veces puedes convertirte en tu peor enemigo, también puedes llegar a ser tu mejor amigo. La transición ocurre generalmente cuando te das cuenta de que la única persona en la tierra que puede determinar tu éxito o fracaso eres tu mismo. Puedes descubrir a tu mejor amigo cuando desarrollas la madurez y fortaleza de carácter, cuando te aceptas como eres y cuando tomas las acciones necesarias para convertirte en la persona que deseas ser. Cuando analizas objetivamente, puedes comenzar a construir sobre tus fortalezas y a compensar tus debilidades. Al hacerlo, te darás cuenta de que la única persona que se interpone en el camino de tu éxito eres tu mismo.

27 DE JUNIO

¿Eres de las personas que esperan que el éxito te llegue, o eres de los que salen a buscarlo con hambre de triunfo?

Si estás esperando que el éxito te llegue, indudablemente te llevarás un gran desengaño. El éxito no es algo que sea forzado ni que te tome de sorpresa. Debes prepararte para conseguirlo y activamente buscarlo siempre que tengas en mente ser una persona exitosa en la vida. Constantemente mantente alerta a todo cambio que ocurra en tus negocios o profesión. Suscríbete a publicaciones de negocios o empresariales, incorpórate a asociaciones industriales o sociedades de profesionistas, y relaciónate con expertos en tu campo profesional para mantenerte actualizado a las nuevas innovaciones y desarrollos.

28 DE JUNIO

Si tú fueras tu propio jefe, ¿estarías completamente satisfecho con la manera en que has trabajado hoy?

Al final del día, poco importa lo que otros piensen de ti, lo importante es lo que pienses de ti mismo. Al reflexionar sobre el trabajo de este día, pregúntate: ¿He dado el 100 por ciento de mi tiempo y talento el día de hoy? Y si esta empresa fuera mía ¿me gustaría que estuviera repleto de cientos de personas que trabajaran como yo, o preferiría contratar a personas con una mayor iniciativa? Cuando te conviertes en el tipo de persona con la que te gustaría trabajar o en la persona que te gustaría que trabajara para ti, no estás muy lejos del día en que ya puedes convertirte en el propietario de una empresa, o al menos llegar a ser una parte valiosa de la misma. Lo más importante, es que puedas dormir bien por las noches, con la tranquilidad de que has puesto lo mejor de ti en tu día de trabajo, y que has devengado tu sueldo honestamente, y sobre todo, teniendo la serenidad de haber cumplido con los estándares de rendimiento que te exiges a ti mismo.

29 DE JUNIO

Algunas veces es más fácil unir fuerzas con los enemigos que enfrentarlos

Este mundo sería mejor si trabajáramos juntos en armonía hacia el logro de nuestros objetivos comunes, en lugar de involucrarnos en batallas y disputas mezquinas. Cuando te dejas arrastrar a conflictos de personalidad, chantajes, discusiones sobre quien tiene la razón y desacuerdos sobre temas triviales, los que propician esto te desgastan inútilmente y te van amargando la existencia. Además de todo el tiempo valioso que podrías canalizar en asuntos muchos más importantes. Cuando haces un esfuerzo por comprender las motivaciones de los demás, que parecieran ser tus enemigos, te sorprendería descubrir que tus oponentes tienen mucho más en común contigo de lo que te imaginas. Cuando enjaulas a tu ego y analizas la situación desde el punto de vista de tu oponente, verás que casi siempre puedes encontrar una manera de trabajar juntos para el beneficio mutuo.

30 DE JUNIO

En lugar de quejarte de lo que no te guste de tu trabajo, empieza a optimizar lo que te guste y verás lo rápido que mejorará tu percepción

Es fácil encontrar defectos en cualquier trabajo. Sea cual sea tu ocupación o profesión, siempre hay algunas tareas desagradables que usualmente rechazas porque no te gustan. Es fácil también y muy común que aquellas tareas que no te gustan lleguen a dominar tus pensamientos y te sorprendería comprobar que esas cosas que te disgustan de tu empleo representan un porcentaje muy pequeño comparándolo con todo lo que haces. Procura diariamente ver lo positivo y bueno de las actividades que realizas en tu empleo, incluso hasta es suficiente con el sólo hecho de hacer con alegría tus tareas. Con esa óptica, en vez de esperar impacientemente por que se acabe el turno de trabajo encontrarás al contrario disponibilidad y ganas de trabajar todos los días con buena actitud.

JULIO

1 DE JULIO

**O tú cabalgas a la vida o la vida te cabalga
a ti. Tu actitud mental es lo que determina
quien es el "jinete" y quien el "caballo"**

No hay compromiso o negociación cuando se trata de decidir quién tiene que dirigir la vida de una persona. O bien tú eliges tomar las riendas de tu existencia y llevar una vida productiva a tu elección o permites que ésta se rija por las circunstancias. Pese a ello, siempre hay adversidades por vencer. En el viejo Oeste, solía haber una expresión que decía: "No hay caballo que no pueda ser montado ni jinete que no pueda montarlo" Como le sucede a toda la gente, hay día en que todo te sale bien y te sientes en la cima del mundo. Disfruta esas rachas de bienestar y recuerda esos momentos de euforia principalmente cuando necesites cargas de optimismo y pensamiento positivo en aquellos momentos en que experimentes una caída vergonzosa y dolorosa.

2 DE JULIO

**Siempre es bueno hablar de los demás, pero siempre
y cuando lo hagas elogiando sus cualidades**

Dice el viejo adagio "Si no puedes decir algo bueno de alguien, mejor no digas nada en absoluto" algo muy cierto y especialmente válido en cualquier momento de nuestra existencia. En cualquier organización, independientemente de su tamaño, los rumores trabajan horas extras cuando se trata de chismes y rumores negativos. Y puedes estar seguro de que todas esa cosas desagradables que se dice de los demás, muy pronto involucra también a quienes se encargan de esparcir esos chismes, porque no dudes que esas mismas personas que te hablan mal de los demás son las mismas que hablaran mal de ti con esas gentes a quienes deshonran. No sólo no debes hablar mal de los demás, tampoco debieras participar en conversaciones en las que otros lo hacen. Mejor dedica tu tiempo a compartirlo con aquellos que se enfocan realmente en asuntos importantes y de ese modo nunca tendrás que disculparte con nadie por haberte involucrado en chismes y rumores sin sentido.

3 DE JULIO

Siempre será mejor imitar a la gente exitosa que envidiarla

De todas las emociones negativas, la envidia es quizás la más insidiosa. Es especialmente siniestra, ya que te destruye desde dentro sustituyendo todo lo que es positivo y productivo por sentimientos negativos de ira, celos y desesperación. Cuando felicitas a alguien sinceramente por sus éxitos y genuinamente le deseas lo mejor, no sólo le das crédito a esa persona por su justo merecimiento sino que también tú te sientes bien contigo mismo. Cuando logras superar la envidia tienes una claridad de idea para enfocarte mejor en imitar las acciones específicas que esa persona llevó a cabo para alcanzar el éxito. Y mientras tanto al reconocer sus éxitos fortaleces tu relación con esas gentes.

4 DE JULIO

Tratar de obtener sin antes dar es tan inútil como tratar de cosechar sin antes haber sembrado

La Biblia dice que cosechamos lo que sembramos. Los suelos más fértiles del mundo son estériles a menos que sembremos semillas, las cultivemos, y las nutramos. La relación entre el dar y recibir es constante en todo lo que haces en la vida. Para tener éxito en cualquier proyecto que emprendas, primero tienes que invertir una porción generosa de tu tiempo y talento para que obtengas el retorno de tu inversión con creces. Tienes que dar antes de recibir. Todo es cuestión de actitud. En ocasiones puedes sentirte decepcionado cuando no se te recompensan tus esfuerzos, pero si asumes la actitud de exigir el pago de tus servicios antes de llevarlo a cabo, entonces seguramente te llevarás una sorpresa de desilusión y frustración. Al contrario, si entusiastamente das lo mejor de ti antes de solicitar compensación alguna, con seguridad puedes esperar una cosecha abundante de grandes premios y recompensas que la vida tiene deparada para ti.

5 DE JULIO

Cita tomada del Libro "Piense y hágase Rico" de Napoleón Hill

La riqueza comienza a partir de un pensamiento. Y la cantidad de esta riqueza lo limita solamente la persona en cuya mente comienza a bullir la idea. La fe lo que hace es suprimir toda limitación y es incuestionable que es sumamente esencial para alcanzar el éxito. Y lo más importante es que esa fe la puedes reforzar mediante las instrucciones que tu mismo le envías a tu subconsciente.

6 DE JULIO

Una mente negativa genera sólo ideas negativas

Es físicamente imposible para una mente negativa poder generar pensamientos positivos. Cuando reiteradamente haces hincapié en los aspectos negativos de la vida, el pensamiento negativo se expande hasta llenar todos tus pensamientos y no deja espacio para el crecimiento de pensamientos positivos en tu mente. Se convierte en un ciclo interminable. El hábito del pensamiento negativo genera cada vez más y más pensamientos negativos, y se convierte para tu mente en toda una realidad física. El resultado es una vida de desesperación y desesperanza. Desarrolla el hábito de eliminar los pensamientos negativos en el momento en que aparezcan. Empieza paulatinamente al principio. La primera vez que escuches esa voz interior que te diga: "No puedes hacer esto", en ese momento de inmediato elimina esa idea de tu mente y en su lugar, concéntrate en hacer lo contrario, o sea, en mentalizarte de que si puedes hacerlo y lleva a cabo esa tarea o trabajo. Divide ese propósito en partes manejables y completa cada parte de una en una. Y cuando el trabajo esté terminado, dile a tu mente que indudablemente se equivocó porque si pudiste hacer lo que te propusiste y lo hiciste bien.

7 DE JULIO

El carácter es el fiel reflejo de la actitud mental que uno tiene

Cuando no se tiene una base sólida basada en los rasgos de un carácter positivo, el éxito no dura mucho tiempo. Es prácticamente imposible el buen carácter falso. Los farsantes rápidamente se descubren porque carecen de sustancia y determinación para mantener la farsa. El desarrollo de un buen carácter comienza con una actitud positiva. Cualquier deseo que tengas de ser bueno, decente, honesto, y considerado primero se debe generar en tu mente. Al tomar la decisión de convertirte en una persona de carácter, también encontrarás que te conviertes en una persona mucho más dispuesta a hacer lo correcto simplemente por ser ello algo acorde a tus convicciones.

8 DE JULIO

La mejor recomendación que pueden tener los demás de ti, es la que tú mismo generas con tu trabajo y una correcta actitud mental

Lo que los demás piensan de ti es importante, siempre y cuando coincida con lo que tú pienses de ti mismo. Si eres reconocido por otros como una persona positiva, que siempre aporta y contribuye, eres del tipo de gentes que siempre se requieren en todas partes y en cualquier organización. Esa cualidad todos te lo valoran, lo mismo tus compañeros de trabajo que tus clientes, y por ello no dudes en que tu jefe lo reconozca y premie tarde o temprano. Ser así no se logra de la noche a la mañana, pero tampoco la otra cara de la moneda que es el fracaso se manifiesta de pronto y dura permanentemente. Haz del esfuerzo extra en todo lo que haces todo un hábito junto con una Actitud Mental Positiva.

9 DE JULIO

Antes de intentar dominar a los demás, asegúrate de dominarte a ti mismo

Cuando desarrollas una actitud mental positiva, inmediatamente sobresales de la multitud. Te conviertes en un líder, porque el pensamiento positivo conduce a la acción positiva, mientras que el pensamiento negativo lleva a la apatía y la inacción. Cuando tomas la iniciativa en cualquier situación, otros te seguirán simplemente porque les gusta asociarse con personas que saben lo que quieren y a donde quieren llegar. Pero para ser un líder, primero debes estar dispuesto a disciplinarte. La primera regla del liderazgo es nunca hacer a que otros hagan lo que tú mismo no estás dispuesto hacer. Por eso, sólo puedes conducir con el ejemplo. Ser un líder requiere trabajar más duro y mayor tiempo que los demás y sobre todo, demostrar que eres el amo de tu propio destino.

10 DE JULIO

Cita tomada del Libro "Piense y hágase Rico" de Napoleón Hill

Muchos filósofos han declarado que el hombre es dueño absoluto de su destino terrenal, pero muchas veces han omitido decir porque el hombre es dueño de tal destino. La razón de tal situación, es porque el hombre tiene el poder de influir sobre su subconsciente, y un ejemplo claro de esto sucede cuando un ardiente deseo lo puedes convertir en dinero a través del uso de la autosugestión como agente mediante el cual puedes influir sobre tu subconsciente.

11 DE JULIO

Si tienes más enemigos que amigos, es hora de hacer un análisis de tu actitud mental

Cuando tus enemigos sean más numerosos que tus amigos, la respuesta más probable al problema sea que todo reside dentro de ti. Cuando esto pase, pregúntate: ¿Soy la clase de persona que les gustaría tener como amigo? ¿Debo considerar los sentimientos de los demás, o debo pensar sólo en mí mismo? ¿Qué debo hacer para tratar de encontrar lo positivo en los demás, o mi actitud es la de buscar sólo los defectos y fallas? ¿Cuando algo sale mal, puedo buscar una solución al problema, o es más fácil para mí buscar a quien culpar? En las respuestas a estas preguntas, puedes encontrar la respuesta a la principal pregunta: ¿Por qué tengo más enemigos que amigos?

12 DE JULIO

No vale la pena mirar a los demás a través de prejuicios y asumiendo actitudes mentales nada claras

Debes mantener la mente bien enfocada en tus metas, y la filosofía de tener los pies bien firmes sobre la tierra cuando el camino sea difícil. Al aplicar los principios del éxito de manera constante haces que este hábito sea parte de ti. Y esto te dota de la capacidad para enfrentar con entusiasmo y atingencia cualquier situación adversa. Tu respuesta positiva será automática. Asegúrate de invertir tiempo en la reflexión y el estudio, y en establecer claramente tus metas y desarrollar un plan y un calendario para su consecución. Lee las obras de escritores de autoayuda y motivación y aprende de los grandes filósofos, para que con su sabiduría desarrolles tu propio código de conducta. Establece tu propia filosofía de éxito y apégate todos los días a su cumplimiento independientemente de la de los demás.

13 DE JULIO

Si eres un ciudadano estadounidense, no permitas que nadie pueda pisotear tus derechos

Todavía vivimos en el mejor país del mundo. Los Estados Unidos es el gran experimento en cuanto al pensamiento positivo, todo nuestro sistema de gobierno se basa en la fe y en la bondad inherente del individuo. Esa misma fe se transformó en una idea revolucionaria más de 200 años atrás, cuando la Declaración de Independencia fue firmada. De los más grandes pensadores de la historia, nuestros padres fundadores establecieron una forma de gobierno para la gente, que es hoy el modelo más imitado en todo el mundo. Aún cuando las condiciones económicas y políticas sean cambiantes con el tiempo, no obstante tenemos una sociedad democrática que respeta al individuo, y con la cual podemos lograr prácticamente cualquier cosa que deseemos en la vida. Todo lo que se requiere para tener éxito en los Estados Unidos es únicamente tener el deseo de alcanzarlo y la determinación de aferrarse a él hasta llegar a las metas.

14 DE JULIO

Los individuos con actitudes mentales positivas nunca caen en la apatía de la rutina

Aquellos individuos con una actitud positiva son las que de alguna manera siempre se las arreglan para encontrar algo nuevo e interesante, incluso en las tareas más rutinarias. Este tipo de gentes no permiten el aburrimiento en sus vidas, porque siempre están buscando formas de hacer las cosas más rápidamente, de mejor manera y más eficientemente. Si realizas la práctica de encontrar mejores maneras de hacer tus actividades laborales, pronto descubrirás marcados avances en todo lo que hagas. Verás que en muy poco tiempo estarás supervisando el trabajo de otros porque con tu empeño y deseos de superación probarás ser una persona digna de ser tomada en cuenta por tu iniciativa, y disposición para hacer las cosas sin que se te tenga que decir.

15 DE JULIO

Cita tomada del Libro "Piense y hágase Rico" de Napoleón Hill

Los conocimientos no atraen al dinero por si solos, a menos que se organicen y dirijan inteligentemente, mediante "prácticos planes de acción" hacia su obtención. La falta de comprensión de este hecho ha confundido por mucho tiempo a millones de personas que falsamente creen que el conocimiento es poder. Nada de eso. Los conocimientos y la cultura solo son un poder potencial. Llegan a ser un verdadero poder cuando se organizan en un plan definido de acción y se encauzan hacia objetivos bien definidos.

16 DE JULIO

Si crees estar en lo correcto, no tienes porque preocuparte de lo que los demás piensen de ti

Si alguna vez pretendes alcanzar un éxito notable en tu vida, debes estar dispuesto a hacer cosas distintas de la mayoría. El éxito es algo que lo logra la minoría, no la mayoría de las personas. Conforme escales por la escalera del éxito descubrirás que hay muchos que, por celos o envidia, minimizan y menosprecian tus logros. Sin embargo, si tienes la fortaleza de tus convicciones, nada ni nadie podrá disuadirte de alcanzar tus metas. Desarrolla confianza en tus creencias a partir de poner a prueba tu fortaleza ante los retos y a través de la permanente autoevaluación de tu persona. Utiliza el principio R2A2 de W. Clement Stone, que es útil para Reconocer, Relacionar, Asimilar, y Aplicar la información de cualquier área para ayudar a resolver tus problemas y dirigir tu pensamiento.

17 DE JULIO

Recuerda que tus limitaciones mentales son producto de tu propia confianza en ti mismo

Durante años, los atletas trataron de correr una milla en cuatro minutos, pero parecía ser una barrera que nadie podría superar. Luego, el 6 de mayo de 1954, un corredor británico llamado Roger Bannister Gilbert corrió una milla en 3:59.4 minutos para establecer un récord mundial. Poco después, otros corredores, a su vez, rompieron el récord de Bannister. Con demasiada frecuencia, somos dados a aceptar la sabiduría convencional como un hecho. Asegúrate de fijar tus metas lo suficientemente alto. No te conformes con menos sólo por las limitaciones que te predeterminas a ti mismo. La mayoría de nosotros nunca alcanzan el nivel de logro de lo que somos capaces porque no nos desafiamos a nosotros mismos para lograrlo. Tal vez Robert Browning lo dijo mejor: "Los logros de las personas deben superar sus propias expectativas más ambiciosas. ¿o entonces para que se creó el paraíso?

18 DE JULIO

Una actitud mental positiva es una fuerza irresistible que no empatiza con los cuerpos de espíritu inactivo

Una y otra vez escuchamos historias de gente común que hace cosas que parecen imposibles cuando se encuentran en una situación de emergencia. Llevan a cabo hazañas portentosas de fuerza y resistencia, y llegan a realizar cosas que nunca soñaron que eran capaces de hacer. ¿No sería maravilloso si pudiéramos aprovechar esa fuerza y ponerla a nuestra disposición para cualquier momento que la necesitáramos? Tú puedes, si crees poder. No hay duda de que puedes recordar algún momento de tu vida cuando excepcionalmente te centraste en alcanzar un objetivo, y fue en ese entonces cuando pudiste tener más éxito en menos tiempo que nunca antes. Tal vez fue el caso de unas vacaciones inminente que te motivó a hacer y tener listo todo tu trabajo antes de partir, o tal vez aquel caso en el que "debías pasar un examen" y que llevó a enfocarte con más ahínco en el logro de una buena calificación. La intensidad con que te esfuerzas en esas situaciones la puedes tener siempre a tu disposición con el sólo hecho de habituarte a tener siempre una actitud mental positiva.

19 DE JULIO

No es la derrota por si misma, sino tu actitud mental hacia ella, la que determina tu fracaso

Hay muchas cosas en la vida que no puedes controlar, pero siempre se puede controlar tu actitud hacia esos imponderables. La derrota nunca es permanente a menos que permitas que así lo sea. Cuando tienes una actitud positiva, le reconoces al fracaso lo impostora que es y te das cuenta de que puedes convertirlo realmente en una experiencia de aprendizaje y una lección valiosa que te ayudará a tener éxito la siguiente ocasión que lo intentes. Ante el fracaso, pregúntate: ¿Pude haberlo hecho de otra manera que hubiera cambiado el resultado? ¿Qué puedo hacer en el futuro para minimizar los problemas y los errores? ¿Qué puedo aprender de esta experiencia que sea de provecho para no volver a equivocarme? Si te acercas a los obstáculos y contratiempos con una actitud positiva, te sorprenderás de lo rápido que puedes convertir una derrota en victoria.

20 DE JULIO

Cita tomada del Libro "Piense y hágase Rico" de Napoleón Hill

Un hombre educado no es necesariamente el que posee abundancia de conocimientos generales o especializados. Un hombre educado es aquel que ha desarrollado en tal forma las facultades de su mente, que puede adquirir prácticamente cualquier cosa que desee o su equivalente sin violar las normas morales de los demás.

21 DE JULIO

Cambia tu actitud mental, y el mundo a tu alrededor cambiará en consecuencia

Al mundo lo conviertes en la forma que quieres verlo. Puedes llegar a grandes alturas de éxito, o puedes conformarte con una vida miserable que carezca de esperanza. La elección es tuya. Cuando eliges un destino positivo, pones en marcha una fuerza imparable que te permitirá tener una carrera satisfactoria, el amor incondicional de tu familia, el afecto de tus amigos, la buena salud física y mental, y todas las otras riquezas de la vida verdadera. Para cambiar tu mundo, tienes que cambiar desde adentro hacia afuera. Debes comenzar contigo mismo. Al elegir tu forma de vida ponla en un contexto positivo, eso cambiará tu vida hacia cosas mejores, y también influirá positivamente en las personas que te rodean y con quienes tienes contacto.

22 DE JULIO

Mantén tu mente enfocada en lo que quieres lograr en la vida, no en lo que no aspires

Apenas hemos empezado a explorar el funcionamiento interno de la mente, pero por siglos hemos sabido de los efectos que tienen los pensamientos. Cuando te centras en no perder el objetivo en lugar de golpear en el blanco, los resultados son a menudo desastrosos, pues es imposible tener pensamientos positivos mediante una actitud negativa. Simplemente, pregúntale al respecto a cualquier golfista que haya tratado de no perder un putt o a un jugador de futbol que sueña con anotar un gol. Asegúrate de que tus objetivos sean específicos y precisos. "Hacer un montón de dinero" o "ganar promociones regulares" son simples deseos, no objetivos. Establece exactamente la cantidad de dinero que esperas ganar y en cuánto tiempo esperas lograrlo, y la promoción específica de puesto que deseas y la forma y tiempo en que lo vas a conseguir. Como presidente de las compañías "Carlson", Curt Carlson, una vez señaló: "Los obstáculos son esas cosas espantosas que ves cuando te apartas de tus metas en la vida."

23 DE JULIO

Una mente enferma que padece de actitudes negativas es más peligrosa que un cuerpo enfermo, por ser una enfermedad altamente contagiosa

Los expertos en comportamiento humano han descubierto que es prácticamente imposible para un miembro de un grupo no verse afectado o influenciado por los demás miembros. Del mismo modo, se ha comprobado que el propio grupo es tan fuerte como lo es su eslabón más débil. Rara vez es posible para todo el grupo poder elevarse a mayores niveles de logro que lo que es capaz el miembro más débil del equipo. Sólo es posible para quienes se salen del equipo poder superar el potencial del grupo en su conjunto. No te asocies a personas que padezcan de la enfermedad mental de pensamientos negativos constantes. Asóciate con gente feliz, positiva y productiva. Tu tiempo es un activo que se tiene que administrar con más cuidado que tu propio dinero, inviértelo con personas que compartan tu deseo de tener éxito y tu compromiso de mantener una actitud mental positiva.

24 DE JULIO

Tu propia actitud mental es tu verdadero jefe

Si bien tu tiempo y tu trabajo son conceptos sujetos a las exigencias de tu empleador y quien te pague, no así lo es tu mente, que es lo único que no pueden ser controlados por nadie más que por ti mismo. Los pensamientos que tu generas, tu actitud hacia tu trabajo, y lo que estás dispuesto a dar a cambio del salario que devengas son conceptos que sólo tu controlas. Depende de ti determinar si vas a convertirte en un esclavo de las actitudes negativas o el capitán de un potencial mental positivo. Tu actitud, que es tu único maestro en la vida, está totalmente bajo tu control. Cuando controlas tu actitud hacia los acontecimientos, puedes controlar las implicaciones eventuales de esos eventos.

25 DE JULIO

Cita tomada del Libro "Piense y hágase Rico" de Napoleón Hill

Los hombres algunas veces caminan por la vida sufriendo complejos de inferioridad porque no son hombres de educación. Sin embargo, el hombre que es capaz de organizar y dirigir a un grupo de gentes maestras y que posee conocimientos útiles para la obtención y administración del dinero es por ese hecho una persona con tanta educación como cualquiera del grupo que lo rodea.

26 DE JULIO

Tu mente llega a creer todo lo que le alimentas, aún cuando eso no sea verdad

Si repites algo una y otra vez a ti mismo, tu subconsciente con el tiempo empezará a aceptarlo como todo un hecho. Cuando algo ha sido aceptado como verdad por tu subconsciente, transformas esa idea en una realidad física. Puedes tomar ventaja de esta condición programando tu mente a pensamientos positivos. Usa automotivadores o afirmaciones que persuadan a tu subconsciente de que eres capaz de hacer cualquier cosa que desees. Repite esa automotivación varias veces al día hasta que la conviertas en una reacción automática, y procura recordar una frase positiva cada vez que comiences a dudar de ti mismo. Por ejemplo, sustituye la frase "no puedo" por "¡Lo haré!"

27 DE JULIO

Procura estar siempre del lado de las personas que actúen correctamente en su vida

Nosotros, los seres humanos somos las únicas criaturas en la tierra que tienen la capacidad de creer. Esta capacidad, combinada con nuestra capacidad casi innata de distinguir el bien del mal, nos da un poder formidable en la búsqueda de una vida más rica y más gratificante. Cuando establezcas tus metas personales, asegúrate de que se basen en hacer lo correcto para beneficio de tu familia, tus amigos, tus empleados, y tú mismo. Cuando otros ven que eres justo y equitativo en tu trato con ellos y que eres una persona generosa y con principios, moverán cielo y tierra por disfrutar de tu amistad.

28 DE JULIO

Si no crees en ti mismo, ¿como esperas que los demás crean en ti?

Es prácticamente imposible no transmitir tus dudas e inseguridades a los demás a través del lenguaje corporal, el tono de voz, la inflexión, la selección de palabras, y otras características sutiles. Al mostrar por tus acciones que te falta confianza en ti mismo, otras personas también empezarán a dudar de tu capacidad para llevar a cabo tus proyectos personales. Puedes ganar el respeto y la confianza de los demás. Comienza haciendo una lista de todas las cosas que te gustan de ti y de las cosas que te gustaría cambiar. Haz un esfuerzo consciente para construir sobre tus puntos positivos y corregir tus debilidades. Puede que no sea fácil, pero si te evalúas de manera objetiva y perseveras en tus esfuerzos, es muy probable que lo logres finalmente.

29 DE JULIO

Es muy alto el precio que paga un estafador a la vida al engañarse a si mismo de que está recibiendo dinero fácil a cambio de nada

Hay una regla fundamental en las ventas: Tienes que venderte a ti mismo el producto a comercializar antes de que efectivamente puedas venderlo a otros. Si no puedes creer en el valor de tus productos o servicios, nadie más lo hará. Si estafas a otros en un acuerdo injusto, tendrás que trabajar intensamente y más de lo normal para superar tu resistencia interna (tus principios) a hacer algo malo. Un acuerdo es bueno cuando es bueno para todos los involucrados. Cuando cada participante tiene la misma oportunidad de ganancia y el riesgo es compartido entre los socios que se preocupan por el bienestar del otro, con ello no sólo garantizas la probabilidad de un éxito mucho mayor, sino que también al mismo tiempo el viaje hacia él éxito se vuelve más disfrutable.

30 DE JULIO

Examina más cuidadosamente los objetivos que más desees alcanzar

Muchísimas personas pasan más tiempo planeando sus fines de semana que sus propias vidas. Por eso no es de sorprender que de repente se dan cuenta que los años se han ido sin ni siquiera percatarse de lo que estaba sucediendo. Al estudiar con atención lo que más se desea en la vida, se empieza a enfocar la mente y se concentra tu energía en aquello que se desea conseguir. Una de las grandes ventajas de tener una meta definida en tu vida es que te ayuda a priorizar tus actividades. Cuando tu objetivo principal es claro en tu mente, no es necesario analizar cada situación individualmente, ya que sabes automáticamente si tus acciones se están moviendo hacia tu meta o fuera de ella. Luego, con esa base, puedes utilizar todos tus recursos en tiempo, dinero y energía de la mejor manera.

31 DE JULIO

Asegúrate de lo que realmente deseas en la vida y concientiza de lo que tendrás que dar a cambio por cumplir esos deseos

Examina la vida de las personas de éxito, y encontrarás que han pagado un precio por sus logros, que es directamente proporcional a la cantidad de éxito que han ganado. Un examen cuidadoso de estos hechos, revela casi siempre que el éxito ha llegado después de años de estudio y preparación. Este principio es constante en casi todos los ámbitos del conocimiento: en las artes, la medicina, la ciencia o los negocios. Nada de lo que vale la pena, se logra con facilidad. Al considerar tus propias metas, también considera lo que estás dispuesto a sacrificar por lo que esperas recibir. Debes estar preparado para dar generosamente tiempo y talento mucho antes de que esperes un retorno de tu inversión. Muchos de los "éxitos repentinos que suceden de la noche a la mañana" en realidad son el producto de intenso trabajo realizado en el anonimato durante muchos años antes de que estas gentes fueran finalmente reconocidos por sus logros.

AGOSTO

1 DE AGOSTO

Si no sabes lo que quieres de la vida, ¿que crees que puedas lograr?

La gran mayoría de personas en el mundo va a la deriva por la vida, sin darse cuenta de que su futuro será el que ellos mismos generen para sí mismos. La minoría que logra gran éxito son aquellos que saben lo que quieren y tienen un plan definido para la realización de sus objetivos. Ellos saben lo que quieren y la manera como lo conseguirán. Tus metas siempre deben ser específicas, mensurables, y tener un plazo para su consecución, y las debes controlar en partes manejables. Conoce de antemano exactamente lo que vas a lograr, el tiempo en que lo conseguirás, y la manera como lo harás. Comprueba tu progreso, corrige el rumbo cuando sea necesario, y sobre todo, nunca y por ningún motivo te des por vencido.

2 DE AGOSTO

Nunca destruyas nada a menos que estés preparado para construir algo mejor en su lugar

Esta regla es aplicable tanto para las personas como para las cosas. Es fácil criticar a los demás sin pensar en tus propios defectos, y fácil también encontrar fallas en tu trabajo o en situaciones que no son de tu agrado. Es mucho más difícil ser un constructor de relaciones personales y crear obras de arte, productos útiles, o negocios rentables. Asegúrate de ser un constructor, no un destructor de vidas ajenas y situaciones. Al criticar las acciones o el trabajo de los demás, ya sea que se trate de tus hijos, tus empleados, u otras personas de la que tú eres responsable, asegúrate de que tus críticas sean positivas y dirígelas hacia las acciones que ellos hayan realizado, y no sobre sus personas. Incluye sugerencias específicas para su aplicación y céntralas en posibilidades de éxito.

3 DE AGOSTO

¿Como te verías dentro de diez años si mantienes el mismo rumbo de vida que llevas actualmente?

Muchas personas no se dan cuenta que el gran éxito es el resultado de pequeños éxitos obtenidos, frecuentemente, durante un período muy largo de tiempo. Las personas verdaderamente exitosas son pensadores de largo plazo. Ellos saben que deben aprovechar cada uno de los logros y aprender constantemente nuevas y mejores formas de hacer las cosas. Una revisión regular de su progreso es una parte esencial de la fijación de objetivos. Una meta es algo más que un deseo a menos que haya un calendario para su conclusión. Asegúrate de que tu plan de vida incluya metas a corto, mediano y largo plazo. Revisa tus objetivos según las circunstancias, y elimínalos conforme se vayan alcanzando, y después establece nuevas y más ambiciosas metas conforme vayas creciendo en el plano de la realización personal. Por supuesto, no olvides apartar tiempo para la reflexión y revisión de que estás en el curso correcto para el logro de tus objetivos.

4 DE AGOSTO

¿Alguna vez te han disuadido de hacer las cosas porque te dicen que son imposibles de hacer? Cuando eso pase, no les hagas caso, ya que lo que quieren es obstruir tu camino hacia el éxito

Vas a encontrar que a medida que avanzas por la vida aquellos que se creen con autoridad moral para dar consejos libremente a los demás, son aquellos que precisamente están menos calificados para hacerlo. La gente ocupada y exitosa generalmente no tiene el mínimo interés y tiempo para ocuparlo en aconsejarte cómo vivir tu vida. Ellos están muy ocupados enfrentando sus propios problemas. No así la gente mediocre que tiene todo el tiempo del mundo para reconocer los defectos de la gente que los rodea y se deleitan también en impedir que la gente avance en su desarrollo personal. Estas mismas personas son la que se apresuran a decir "te lo dije" cuando enfrentas adversidades o reveses temporales. Si alguien te dice que lo que estás tratando de lograr es imposible o no vale la pena el esfuerzo, obsérvalos de cerca y verás la ruina que han hecho de sus vidas por ser como son. Las personas exitosas son personas optimistas. Tienen el hábito de éxito porque aprendieron mucho tiempo atrás a escucharse a sí mismos y no a aquellos que querían verlos fracasar.

5 DE AGOSTO

Cita tomada del Libro "Piense y hágase Rico" de Napoleón Hill

Los hombres de éxito de toda clase nunca cesan de adquirir conocimientos especializados relacionados con su principal propósito, negocio o profesión. Aquellos que no alcanzan el éxito en la vida generalmente cometen la equivocación de creer que el período de obtención de conocimientos termina cuando uno abandona la escuela. La verdad es que la instrucción hace poco más que colocar a uno en el camino de aprender cómo adquirir conocimientos prácticos.

6 DE AGOSTO

Un barco sin timón y una persona sin metas siempre acabarán varados en la arena de un desierto sin esperanzas

Las metas que hayas establecido para ti mismo, son como el timón de un barco, te guiarán hacia un destino específico, pero sin ellos, son como un barco sin timón, te resultará imposible mantener el rumbo e irás a la deriva por la vida. Establece metas y conviértelo en un hábito de vida. Si a veces enfrentas problemas para mantener la concentración, fíjate metas pequeñas y alcanzables y sigue con el trabajo hasta que logres lo que te has propuesto. Por ejemplo, busca maneras más rápidas y eficientes de hacer tu trabajo rutinario. O toma los trabajos más difíciles primero cuando tengas la mayor cantidad de energía y tu concentración se encuentre en su nivel más alto. Guarda los trabajos más fáciles para el final. A algunos pequeños éxitos siempre seguirá inevitablemente los grandes logros.

7 DE AGOSTO

La fuerza de voluntad es el resultado de tener un propósito y llevarlo a cabo a través de una acción sostenida, basada en la iniciativa personal

La gente envidiosa a veces atribuye el éxito a la suerte. Por supuesto que están equivocados. Como entrenador Darryl Real dijo una vez, "La suerte es lo que sucede cuando la preparación coincide con la oportunidad." El éxito se produce cuando se tiene un propósito definido en la vida y cuando tomas la iniciativa de seguir adelante con la acción. Puedes cometer errores de vez en cuando, todo mundo lo hace, pero definitivamente cualquier acción es mucho mejor que no hacer nada.

8 DE AGOSTO

El deseo ardiente de ser y hacer es el punto de partida desde el cual todo soñador debe despegar

Hace muchos años, un orador invitado por una prestigiosa universidad pidió a todos los recién graduados ahí presentes que idearan un plan definido para sus vidas y lo sostuvieran en sus manos. Al levantar la mirada, observó que sólo tres personas habían seguido sus indicaciones. Veinticinco años más tarde, cuando esa generación de exgraduados celebró una reunión, la fortuna neta combinada de aquellas tres personas era por mucho superior al del resto de la clase. Las personas que saben a dónde van siempre alcanzar niveles mucho mayor de éxito que aquellos que se limitan a andar a la deriva por la vida, esperando que les llegue la suerte, en vez de crearse las oportunidades ellos mismos. La gente exitosa crea sus propias oportunidades, centrándose en los objetivos con una intensidad que raya en la obsesión. De esta manera, cada acción que realizan los mueve rápidamente hacia sus metas.

9 DE AGOSTO

Este es un mundo ideal para aquellas personas que saben exactamente lo que quieren de la vida y se mantienen ocupados luchando por conseguirlo

Somos seres muy felices cuando nos esforzamos por alcanzar una meta, y cuando la alcanzamos, es una tendencia natural humana el establecer de inmediato otra meta generalmente más grande. W. Clement Stone llamaba insatisfacción inspiracional al descenso que se experimenta después de alcanzar una meta y la decisión inmediatamente posterior de fijarse otra meta de más alto desafío. Cuando comienzas a experimentar esa sensación de descenso emocional, es el momento oportuno de entrar en acción! Por eso, asegúrate siempre de tener también un plan de largo plazo para ponerlo a trabajar inmediatamente después de lograr un objetivo a corto plazo.

10 DE AGOSTO

Cita tomada del Libro "Piense y hágase Rico" de Napoleón Hill

El hombre que posee una destacada personalidad en cualquier clase de trabajo y que además se lleva bien con todo el mundo y puede presentar, por otra parte, un buen certificado de estudios, siempre tiene gran ventaja sobre el estudiante estrictamente académico. Algunos de estos hombres, a causa de sus cualidades, reciben varias ofertas de empleo y en muchos casos las oportunidades se multiplican a su favor.

11 DE AGOSTO

No tengas miedo de apuntar muy alto al establecer metas en tu vida, porque no importa qué tan alto aspires, tus logros pueden alcanzarse

Muchas empresas hoy en día defienden la "mejora continua" como parte de sus programas de calidad. Se han dado cuenta que para seguir siendo competitivos en la economía global de hoy deben esforzarse constantemente para mejorar cada aspecto de sus negocios, o de lo contrario serán superados por la competencia. La misma ética aplica a los individuos. La vida es una experiencia permanente de aprendizaje continuo. Cada éxito y cada adversidad sirven como preparación para el momento en que finalmente logres el éxito. Tus metas a corto y mediano plazo deben ser realistas y alcanzables, y por su parte tus metas a largo plazo deben siempre ser muy superiores a tus capacidades actuales. Como dijo el poeta romano Virgilio, "La fortuna está hecha para los que se atreven."

12 DE AGOSTO

Vivir sin propósitos específicos es la antesala de vivir en el vacío

Puedes andar por la vida sin un propósito definido, pero nunca podrás salir delante de ese modo. Un propósito definido es el punto de partida de todo logro. Las metas financieras, en particular, deben ser específicas, definidas y medibles. Por ejemplo, debes planear de antemano lo que vas a ganar, el tiempo en el que lo lograrás y la forma en que lo conseguirás. La mayor ventaja de la seguridad financiera es la tranquilidad de saber que cuentas con los recursos para enfrentar los tiempos difíciles. Siempre estarás mejor en lo que elijas hacer cuando lo hayas planeado antes, en lugar de luchar por sobrevivir.

13 DE AGOSTO

Cuando estés plenamente convencido de lo que quieres, es el momento de dejar de hablar y mejor actuar

Autopersuadirte a que puedes lograr objetivos es un comienzo fuerte. Ya que hagas lo anterior, desarrolla un plan sólido y ponlo en acción. Cuanto más tiempo te demores, más difícil será empezar. Rara vez se diseña un plan perfecto. Si ya tienes una visión clara de tu objetivo y un plan que sea lo suficientemente flexible como para permitirte hacer frente a obstáculos imprevistos o aprovechar oportunidades imprevistas, entonces no te demores un minuto más para actuar. Sólo entrando en acción, incluso si tienes que hacer ajustes más adelante, es la única manera que te ayudará a enfocar tu mente y canalizar tus energías en la dirección de tu objetivo.

14 DE AGOSTO

La única manera segura de presumir es por las acciones constructivas

Se ha dicho que no es jactancia cuando se demuestra que se pueden hacer las cosas. Esto puede ser cierto, pero un argumento mucho más convincente es hablar con tus propias acciones en vez de vanagloriarte inútilmente. Además, las buenas cosas que se digan sobre ti siempre tienen más peso cuando son dichas por alguien que no seas tu mismo. Cuando la vanidad te tiente a ser elocuente acerca de tus logros, detente, respira hondo y mejor pregúntale a los demás por sus logros personales.

15 DE AGOSTO

Cita tomada del Libro "Piense y hágase Rico" de Napoleón Hill

Esta idea de comenzar desde abajo y escalar poco a poco la cima puede parecer segura, pero su mayor objeción es que la mayoría de las personas que empiezan por abajo nunca alzan la cabeza lo suficientemente como para que se las pueda ver, y así casi siempre se quedan en el fondo. Debe recordarse también que la "perspectiva" desde el fondo nunca es ni brillante ni estimulante. Tiende a matar toda ambición. La denominamos "enraizar", porque significa que aceptamos nuestro destino en forma de diaria rutina, hábito que finalmente llega a ser tan fuerte que cesamos de intentar sacudírnoslo de encima. Y ésa es otra razón por la que siempre es necesario comenzar por dos o tres escalones superiores al fondo.

16 DE AGOSTO

Haz buenas obras a través de buenas acciones y dejarás huella en los demás

Es bien sabido entre aquellos que hacen del acto de dar toda una costumbre, que al ayudar a los demás, tarde o temprano se regresan esas buenas acciones materializadas en diferentes formas y muchas veces multiplicadas, beneficiando a quien da como a quien recibe. Cuando haces una buena acción en beneficio de otra persona, te conviertes en una persona mejor. El efecto positivo que esa buena acción tiene sobre ti perdura mucho, aún después de que el beneficiario lo haya olvidado. Las buenas obras no tienen por qué ser grandes o costosas. Y los mejores regalos que puedes dar son tu tiempo y tu mismo. Una palabra amable o una pequeña cortesía siempre serán recordadas y apreciadas.

17 DE AGOSTO

Ser exitoso significa permitir a los demás poder descubrir este hecho a través de tus acciones

En el análisis final de tu existencia, lo único que realmente importa son tus acciones. Puedes hablar de ti mismo acerca de tus virtudes, logros y triunfos, pero lo que realmente cuenta es la manera en que los demás te midan por tus capacidades y acciones. Es cierto que las personas suelen ser indulgentes y pasan por alto fallos que hayas cometido de vez en cuando para cumplir tus promesas. Pero eso no te debe tranquilizar, cumple con lo que prometas a los demás, si es que esperas dejar por mucho tiempo una buena impresión en ellos de quien eres realmente. Convierte en hábito el demostrar tus capacidades en lugar de presumir esas cualidades. Rara vez vale la pena lograr algo sin contar con la ayuda de los demás, y nada se puede conseguir sin ejercer algún tipo de acción. El camino al fracaso y la desesperación está llena de sueños de todos aquellos que no actuaron o no quisieron actuar para hacerlos realidad.

18 DE AGOSTO

Si no cuentas con un propósito definido, tu viaje a la deriva tendrá como destino inevitable el fracaso

Para el logro de los objetivos que hayas establecido para ti mismo, sólo hay dos alternativas: O avanzas hacia tu meta, o te alejas de ella. Elige tu propósito en la vida y lucha con denuedo hasta alcanzarlo. Cuando tienes el coraje de tus convicciones, y eliges de las dos alternativas el camino del avance, tendrás la fuerza para perseverar hasta que tengas éxito.

19 DE AGOSTO

Acciones, no palabras, son el mayor medio para el autoelogio

Hay ocasiones en las que se te pedirá describir tus mejores cualidades, ya sea para competir por un puesto o un contrato, y entonces tendrás que hablar inevitablemente de tus logros. Cuando eso ocurre, por supuesto, es tu deseo mostrar lo mejor de ti. Sin embargo, asegúrate, que cuando lo hagas, tengas la certeza de que todo lo que expreses de tus capacidades esté respaldado por la verdad de los hechos. Si tus acciones han sido prudentes y responsables, no tengas miedo de decir las cosas como son. Los líderes de cualquier organización son los que dicen: "Vamos a seguir adelante. Actuemos en lugar de esperar a que sucedan las cosas." Cuando tus acciones pasadas demuestran que eres una persona que acepta la responsabilidad y le muestras a los demás el camino para volverse responsables de sus actos, tu carrera y relaciones consecuentemente se beneficiarán a lo largo de tu trayectoria profesional.

20 DE AGOSTO

Cita tomada del Libro "Piense y hágase Rico" de Napoleón Hill

La imaginación es literalmente el taller en el cual se da forma a todos los planes creados por el hombre. El impulso, el deseo, adquieren consistencia y se desarrollan mediante la ayuda de la facultad imaginativa de la mente. Mediante la ayuda de sus facultades de imaginación, el hombre ha descubierto cómo encauzar más fuerzas de la naturaleza durante los pasados cincuenta años que en toda la historia de la raza humana anterior a ese tiempo. La única limitación del hombre está en el desarrollo y uso de su imaginación.

21 DE AGOSTO

Haz que los demás sepan de tus éxitos, pero dándoles el crédito a todos aquellos que te ayudaron a conseguirlo

Debes dejar saber a los demás de tus logros, pero bajo estas condiciones: Hazlo a través de tus acciones y asegúrate de compartir el crédito con las otras personas que te hayan ayudado en el camino. Un principio fundamental de liderazgo, que no ha cambiado a lo largo de los siglos es: comparte el crédito de tu éxito con los demás, pero la culpa de tus fracasos será solamente responsabilidad tuya.

22 DE AGOSTO

No desperdicies palabras tratando de convencer a quienes dudan de ti, convéncelos mejor a través de tus acciones

Algunas personas piensan que se puede convencer a las gentes con el poder de la palabra, y tal vez por un tiempo los convenzan de lo que afirman, pero cuando no eres bien visto por alguien más, ya sea por un simple malentendido o un error de juicio de su parte, él o ella serán especialmente difíciles de convencer con simples palabras. Sus emociones siempre representarán una barrera en tu perseverancia por convencerlos y que actúen de manera lógica y razonable.

Sin embargo, los argumentos cuando están sustentados con acciones más que palabras surten el efecto mágico de persuadir hasta los más escépticos acerca de lo que deseas comunicarles. Si constantemente demuestras ser un tipo generoso, amable, y confiable, resulta entonces muy difícil, incluso para tus enemigos, no convencerse de quien eres realmente. En todo caso, te conviertes en una mejor persona por el esfuerzo desplegado.

23 DE AGOSTO

La mejor manera y más segura de castigar a alguien que ha cometido una injusticia contigo es hacer una buena acción en beneficio de él o ella

La gente siempre responde de la misma manera cuando se le trata mal, incluso a veces hasta con más coraje e intensidad del daño que le causaron. Esta necesidad común de represalia puedes sustituirla por una suave respuesta especialmente útil para convertir a un enemigo en un amigo. Si te deshaces de la coraza de piedra que es el orgullo, puedes responder a una injusticia con una buena acción. Puede tomar tiempo hacer este trabajo, pero si tratas a los que no te "caen bien" con amabilidad y respeto, a la larga esa persona sucumbe a tu influencia y asume una actitud completamente distinta con respecto a ti. Como Napoleón Hill dijera: "La más caliente de las brasas de fuego se enfría ante el poder de la bondad humana."

24 DE AGOSTO

Si eres realmente más inteligente que los demás, demuéstralo con tus acciones

Es una reacción humana natural que desees corregir a los demás cuando observas que cometen un error o hacen algo diferente de lo que lo deberían haber hecho. Pero es mucho más difícil poder controlar el impulso de demostrarles a los demás lo inteligente que eres. La capacidad de reconocer y controlar esos impulsos marca el inicio del desarrollo de la sabiduría. Una persona sabia sabe que cuando muestra su inteligencia a través de las acciones que emprende, los demás reconocerán su capacidad de una manera mucho más valiosa y duradera. Si ves a alguien que pudiera beneficiarse de un consejo que pudieras darle, puedes hacerlo sin prejuicios de por medio, sin cuestionar sus errores y solo sugiriendo mejores formas de hacer las cosas. Deja que los demás se den cuenta de sus propios errores porque de esa forma evitaran volverlos a cometer. Como Ralph Waldo Emerson dijo una vez: "El secreto de la educación reside en el respeto del alumno."

25 DE AGOSTO

Cita tomada del Libro "Piense y hágase Rico" de Napoleón Hill

¡El deseo es el impulso de pensamiento! Los impulsos del pensamiento son formas de energía. Cuando comienzas con el impulso del pensamiento llamado deseo, para acumular dinero, lo que estás haciendo es poner a tu servicio la misma clase de materiales que la naturaleza empleó para crear esta Tierra y cada forma material del universo, incluyendo el cuerpo y cerebro en el cual funcionan los impulsos del pensamiento.

26 DE AGOSTO

Ofrece resultados y no te escudes en las excusas

Hay muchas personas que, tal vez con buenas intenciones, hacen promesas que de alguna manera nunca llegan a cumplir. Estas personas generalmente han desarrollado la mala costumbre de inventar una serie de explicaciones y excusas para justificar sus incumplimientos, y por ello se han convertido en expertos en justificarse por sus fracasos. La gente exitosa, sin embargo, son los que aceptan la responsabilidad de sus acciones. Ellos saben que hablar es fácil, demostrar es lo difícil y eso es lo único que importa realmente. El mundo está a la espera de esos hombres y mujeres con vocación genuina de servicio, de ese tipo de servicio honesto y real que el 95 por ciento de las personas no acostumbramos hacer. Cuando proporcionas un servicio realmente útil, con entusiasmo y con espíritu de verdadera entrega, el éxito seguirá automáticamente. El mundo busca a este tipo de individuos para recompensarlos por sus acciones.

27 DE AGOSTO

El mundo no te premiará con medallas por lo que sepas, pero te puede coronar de gloria y de riquezas por lo que hagas

El conocimiento es un componente importante del éxito en cualquier campo. Para lograr cualquier cosa que valga la pena, a menudo se requiere de años de estudio. Pero el conocimiento por sí solo no es poder, se convierte en poderoso sólo cuando se aplica mediante una acción positiva. Numerosos estudios que se han hecho de personas exitosas revelan que éstas personas tienen una inclinación a la acción. Se ha encontrado entre sus cualidades el hecho de ser buenos planificadores, su amplio conocimiento de los temas acordes a sus objetivos, pero sobre todo su tendencia a la acción. Y cuando dudaban, era para ellos mucho mejor actuar antes de tiempo y no hacerlo demasiado tarde.

28 DE AGOSTO

No es el epitafio de tu lápida, sino el historial de tus obras lo que perpetuará tu nombre después de muerto

Alfredo Nobel poseía una cualidad que muy pocos tenían. Cuando su hermano murió, el periódico se confundió y publicó el obituario de Alfredo en lugar del de su hermano. Al leer la esquela que elogiaba su capacidad como inventor, Alfredo se dio cuenta de que el mundo lo recordaría desagradablemente por su invención de la dinamita, un instrumento de destrucción. Y fue debido a esa curiosa experiencia que decidió financiar los Premios Nobel. Hoy en día, casi todo el mundo conoce su nombre en relación con los mayores logros de la humanidad. Las buenas acciones en vivo perduran en las mentes de los demás. Al hacer un favor en beneficio de otra persona, pones en marcha una fuerza creadora que permanecerá mucho tiempo después de que te hayas ido de este mundo.

29 DE AGOSTO

La fe es una combinación del pensamiento y la acción

Cuando eres hombre de fe, y tienes fe en tu prójimo, fe en tu jefe y fe en Dios, el resultado es un curso de acción positivo que cuando se vuelve un hábito casi siempre conduce al éxito. Cuando crees en tus ideas y en tus capacidades y tienes confianza y fe en la inteligencia infinita del universo, sabes que tus pensamientos y acciones te llevarán a una conclusión exitosa. Y esto nunca falla.

30 DE AGOSTO

El hombre que no toma decisiones rápidamente cuando tiene todos los elementos necesarios en la mano, no deberá lamentarse después de lo que no haya hecho por su indecisión

No hay sólo una respuesta, sino innumerables respuestas correctas para la mayoría de los problemas de la vida. Por lo general, ante problemas las opciones pueden ser muchas y variadas, la dificultad está en elegir la mejor alternativa entre muchas, pero siempre en el marco de un tiempo razonable. Cuando tomas pequeñas decisiones con prontitud, te resultará mucho más fácil ser una persona decidida cuando los desafíos sean mayores. Lo más importantes, es que al hacer de esto una costumbre te resultará mucho más fácil tomar decisiones y actuar con más prontitud y atingencia.

31 DE AGOSTO

Si quieres que un trabajo se haga bien y con prontitud, consigue a una persona ocupada para hacerlo. No busques a un flojo porque siempre tendrá excusas y justificaciones para no hacer las cosas

La mayoría de nosotros nunca sabremos nuestra verdadera capacidad de logro, mientras no nos desafiemos a realizar nuestras actividades al máximo posible. Esta obviedad es evidente, principalmente cuando se nos presenta una oportunidad que realmente nos interesa. En esos casos no importa lo ocupado que podamos estar, de alguna manera encontramos el tiempo para seguir adelante. Por el contrario, las cosas que tienen poco atractivo para nosotros, los dejamos para después y con el tiempo hasta nos olvidamos de ellas. Las personas ocupadas no son indecisas. Ellos saben que en la vida, como alguna vez dijera Juan David Wright acerca de los negocios, "o te mantienes en movimiento o corres el riesgo de caerte". Por lo general, las personas más eficaces tienen un sentido de urgencia. Se fijan plazos y se obligan a establecer prioridades. En tu caso, si tus actividades no requieren generalmente de plazos estrictos, no importa, establécelos, eso te ayudará y te sorprenderá de lo mucho que puedes lograr en un corto tiempo.

SEPTIEMBRE

1 DE SEPTIEMBRE

Fíjate en los que te superan, aprende de ellos y después imítalos

Una de las maneras más seguras para alcanzar el éxito es observar las acciones de las personas exitosas, identificar los principios que aplican regularmente, y luego emplear todos esos conocimientos en tu propio beneficio. Los principios del éxito, como dijera Andrew Carnegie, son definitivos y reales y pueden ser aprendidos por cualquier persona dispuesta a tomarse el tiempo para estudiarlos y aplicarlos. Si eres observador y prestas atención a los detalles encontrarás que puedes aprender prácticamente de casi todas las personas que conozcas. O inclusive ni siquiera es necesario que los conozcas. Puedes optar, por ejemplo, por grandes personas que ya no estén vivas. Lo importante es el estudio de sus biografías, y luego aprender y aplicar en tu propia vida los principios específicos de estas personas para alcanzar la grandeza.

2 DE SEPTIEMBRE

Las acciones cuando se hacen correctamente no necesitan del embellecimiento de las palabras

Uno de los errores más comunes es la búsqueda de excusas para justificar las causas que impiden nuestro éxito. Desafortunadamente, la gran mayoría de las personas en el mundo, que normalmente no son exitosas, son aquellas que se caracterizan por ser fabricantes de excusas todo el tiempo. Siempre tratan de justificar su acción o inacción, con el uso de las palabras. Cuando tengas éxito, acepta las felicitaciones de los demás de buen agrado, y cuando no, asume la responsabilidad por tus acciones, aprende de tus errores, y dale vuelta a la página a cosas más constructivas. Cuando tus acciones son apropiadas en todas las circunstancias, nunca sentirás la necesidad de justificarte con palabras. Tus acciones hablaran por ti.

3 DE SEPTIEMBRE

Todo idea o logro que alcances siempre comenzará en forma de un deseo

Para poder actuar, debes primero tener un propósito. Si quiere actuar con éxito en todo lo que emprendas, debes apegarte a conseguir ese objetivo con un deseo ardiente. Muchas personas que desean tener éxito no respaldan su pensamiento y deseo con intensidad y por eso nunca logran ser exitosos. Cultiva tu deseo. Aliméntalo con pensamientos en los que te veas a ti mismo disfrutando de esas cosas que más deseas obtener. Es como si suministraras combustible a una máquina que te impulse hasta lo más alto de una montaña Cuando a tu deseo no le inyectas intensidad te estancarás en lo que haces y hasta puedes correr el riesgo de caer estrepitosamente por las laderas. El secreto de la acción es como si fuera un deseo al rojo vivo.

4 DE SEPTIEMBRE

Si aprecias la bondad de los demás, extérnales esa admiración con acciones y con palabras

Las personas que disfrutan de los mayores éxitos financieros y personales en la vida, son los que construyen relaciones duraderas con socios de negocios, amigos, compañeros de trabajo, y familiares, entre otros. Esas gentes se toman el tiempo y la molestia de estar en contacto con los que aprecian, y se aseguran de que cuando alguien hace una buena obra para ellos, responden de la misma manera. Construye tu red de amigos personales y profesionales tomando la iniciativa y siendo un verdadero amigo de todos ellos.

5 DE SEPTIEMBRE

Cita tomada del Libro "Piense y hágase Rico" de Napoleón Hill

Si eres uno de esos que creen que el trabajo duro y la honestidad, por sí solos, traen la riqueza, ¡abandona tal pensamiento!, pues no es cierto. Las riquezas, cuando vienen en grandes cantidades jamás son sólo el resultado de un duro trabajo. Las riquezas se presentan, en el caso de que lleguen, en respuesta a demandas definidas basadas en la aplicación de principios definidos y no debido a la casualidad o la suerte.

6 DE SEPTIEMBRE

Las oportunidades tienen una forma extraña de hacerse presentes ante las personas y sólo unos cuantos pueden reconocerlas y están dispuestos a aceptarlas

Es algo curioso de la naturaleza humana que mientras algunas gentes ven en ciertas situaciones oportunidades de éxito, otras solo ven problemas. Cuando entrenas tu mente para buscar oportunidades, encontrarás que todos los días, literalmente, se te presentarán cada vez más oportunidades que puedes aprovechar. Parecerá que de pronto surgen numerosamente a tu alrededor, y que en lugar de buscarlas pareciera que te buscan. Ante ello, tu mayor problema será la elección de aquellas oportunidades que pudieran ser las mejores. El primer paso para asegurarte de que estás listo para reconocerlas cuando se presenten ante ti, es teniendo una comprensión clara de tus propias capacidades competitivas. Evalúa de manera realista tus fortalezas y debilidades como si estuvieras revisando las credenciales de identificación de un completo desconocido. Identifica qué áreas son las mejores y aquellas en los que necesites mejorar. Trabaja en tus debilidades y aprovecha tus puntos fuertes para que cuando reconozcas las oportunidades estés capacitado para sacar provecho de ellas.

7 DE SEPTIEMBRE

Es seguro que nunca termines un proyecto cuando no sepas ni como empezarlo

Un antiguo proverbio dice: "El viaje de mil millas comienza con un solo paso." Probablemente has conocido personas que llegando al final de sus vidas, miran hacia atrás y dicen: "Si por lo menos hubiera hecho las cosas de manera diferente..... o, si tan sólo hubiera aprovechado esa oportunidad cuando me llegó". Las existencias vacías siempre están llenas de estas justificaciones de "si por lo menos....". Generalmente, son almas tímidas cuyas vidas realmente se extinguieron antes de haber comenzado. La vida está llena de muchas oportunidades para tener grandes éxitos y también fracasos espectaculares. De ti dependerá tomar la iniciativa de aprovechar aquellas oportunidades que te permitan crecer. Si no lo haces estarás condenado a una vida de mediocridad, a menos que entres en acción. No te demores, empieza hoy mismo!

8 DE SEPTIEMBRE

Cuando ven en ti constancia y sed de triunfo los demás se hacen a un lado para dejarte pasar

Cuando tienes una visión de lo que deseas lograr en tu vida, no sólo los demás se harán a un lado para dejarte pasar, sino que también puede que se te unan en tu búsqueda del éxito, porque reconocerán tu entusiasmo y tu hambre de triunfo. Apreciarán la intensidad de tu deseo cada vez que hables con pasión de tu vida y de tus propósitos específicos por cumplir, y seguramente responderán ayudándote para alcanzar tus logros o haciéndose a un lado para que sigas tu camino hacia delante con tus proyectos y no les quedará duda a todos ellos de que tendrás éxito en todo lo que te propongas.

9 DE SEPTIEMBRE

La vida dice "hazlo bien o hazte a un lado pero no inventes excusas"

En el lenguaje actual de los negocios, son comunes las frases " dirigir, seguir, o hacerse a un lado". Cuando estás trabajando activamente hacia una meta, no hay fracasos, sólo hay grados de éxito. Elige ser un líder. Toma la iniciativa. Cuando te enfrentes con un problema o una decisión difícil, no pierdas horas y horas agonizando por encontrar la solución. Si analizas objetivamente la situación, siempre encontrarás una respuesta. No te concentres en el problema, céntrate en la solución. Y a continuación, entra en acción. Como dijera a menudo W. Clement Stone, "Las emociones no están siempre sujetas a la razón, sino más bien a la acción!"

10 DE SEPTIEMBRE

Cita tomada del Libro "Piense y hágase Rico" de Napoleón Hill

Las ideas son fuerzas intangibles, pero tienen más fuerza que los cerebros físicos que las producen. Tienen el poder de continuar viviendo después de que el cerebro que las produjo se ha convertido en polvo. Primero das vida, acción y dirección a las ideas, y luego ellas emplean su propia fuerza y barren toda oposición a su paso.

11 DE SEPTIEMBRE

Las buenas intenciones no sirven de nada si no se expresan mediante acciones apropiadas

Las buenas intenciones pueden ser un punto de partida adecuado para el logro de tus metas, pero se van a ningún lado cuando no sigues adelante con un plan de acción. Muchas personas confunden las intenciones con el logro, después de todo, lo más importante es la idea que se tenga. En realidad, la idea más mediocre puede llegar a ser más valiosa que un chispazo de genialidad que resida en tu mente. Desarrollar el hábito de la acción puede ser difícil al principio, pero cuanto más lo practicas, más fácil se vuelve.

12 DE SEPTIEMBRE

Aquellos que se apresuran a ver sus limitaciones en general son lentos para ver las oportunidades

El productor de películas Michael Todd dijo una vez: "Estar en la quiebra puede ser temporal, pero ser pobre es un estado de ánimo." Esto mismo sucede con la oportunidad. Ver las oportunidades o limitaciones es cuestión de percepción y todo depende de la óptica con que lo veas. ¿Cómo veas el mundo será un reflejo de tu actitud mental. Si por ejemplo, te centras en ver sus deficiencias, entonces te verás afectado por el miedo, la duda y el fracaso, pero cuando te centras en sus puntos fuertes, encontrarás coraje, confianza y éxito. La confianza en ti mismo puede sustituir a la duda cuando tu esfuerzo es deliberado y planificado. Cuando comienzas a dudar de tus capacidades, haz mejor una pausa para revisar tus logros anteriores e identifica todas las experiencias que te podrían ser útiles en tu situación actual. Cuando aplicas el conocimiento y la sabiduría que has acumulado, pocas serán las limitaciones que no puedas superar.

13 DE SEPTIEMBRE

La oportunidad por si sola es inútil cuando no hay quien se interese en ella

En una sociedad libre y democrática, el número de oportunidades para tener éxito es prácticamente ilimitado. En cada negocio o profesión, hay innumerables oportunidades para inventar nuevos productos, para mejorar los procesos de fabricación y administrativos, y para ofrecer un mejor servicio que el competidor. Pero todas las oportunidades pronto se desvanecen a menos que alguien las aproveche y las ponga a trabajar. Cada vez que te enfrentes a un problema difícil, detente un momento y pregúntate: "¿Cuál es la oportunidad oculta en este problema?" Cuando te topas con una oportunidad, aventajas considerablemente a tus competidores.

14 DE SEPTIEMBRE

La oportunidad no llega a quien gusta de perder el tiempo a través de la ociosidad o la acción destructiva

Las oportunidades de alguna manera siempre parecen gravitar hacia aquellas gentes que gustan de mantenerse ocupadas. Lógicamente, pareciera que lo contrario es lo que ocurriera en la realidad, o sea que sólo aquellos que no tienen ocupación o son holgazanes fueran los que la buscan. Lo cierto es que las oportunidades están hechas para aquellos que tienen metas y sueños y un plan definido para alcanzar objetivos. A menudo pensamos en la oportunidad como un ser vivo, una cosa en movimiento, o como algo que busca activamente un destinatario dispuesto a tomarla. De hecho, ocurre lo contrario. Las oportunidades son las ideas o conceptos que sólo existen en las mentes de quienes las reconocen. Cuando uno no tiene metas o planes, las oportunidades no significan nada. Se convierten en oportunidades sólo cuando se reconocen como ideas que pueden implementarse para ayudar a mover a la persona hacia tus metas.

15 DE SEPTIEMBRE

Cita tomada del Libro "Piense y hágase Rico" de Napoleón Hill

El hombre más inteligente que pueda existir no podrá tener éxito en la acumulación de dinero, ni en ninguna otra empresa, sin contar con planes que sean prácticos y satisfactorios. Recuerda esto muy bien y recuerda asimismo, cuando te fallen tus planes, que la derrota temporal no es nunca un fracaso permanente. Sólo puede significar que tus proyectos no eran seguros. Haz otros. Empieza de nuevo y no olvides que la derrota temporal sólo significará una cosa, el seguro conocimiento de que hay algo equivocado en tu plan solamente.

16 DE SEPTIEMBRE

La oportunidad a menudo toca a tu puerta solo que tú no te tomas la molestia de abrirle

El mundo está lleno de almas desafortunadas que no escucharon a la oportunidad tocar a su puerta por estar ocupados en otros lados comprando billetes de lotería para cumplir sus sueños. Nunca han aprendido, como si lo hiciera en su tiempo Branch Rickey, gerente general de los Dodgers de Brooklyn desde 1942 a 1950, y quien una vez dijera, "La suerte es el residuo del diseño." Tú en particular te sorprenderás de lo mucho que tu suerte mejorará cuando te asegures que estás preparado para aprovechar las oportunidades. ¿Cuántas veces has tenido una gran idea que no la pudiste llevar a su realización, sólo para descubrir después que alguien utilizó esa misma idea para convertirse en millonario, montar un negocio, obtener un ascenso, o encontrar un mejor trabajo? Cuando tengas una buena idea, decídete en ese momento a entrar en acción. No esperes a que ocurra algo, haz que suceda!

17 DE SEPTIEMBRE

Si no es tu responsabilidad resolver ciertos problemas, tal vez esa sea la oportunidad de darte a conocer

Alguien dijo una vez que la razón por la que a menudo se falla para reconocer las oportunidades es porque vienen disfrazadas de problemas. Cuando un cliente, un colega, o tu mismo jefe tiene un problema, puedes crear de esa situación una oportunidad valiosa para ti. No es tan importante para la persona que tiene el problema determinar las causas sino asumir la responsabilidad de resolverlo. La próxima vez que un cliente, un colega, o tu jefe te pidan ayuda en algo que esté fuera de tu área de responsabilidad, en lugar de evadir el compromiso, ofréceles tu ayuda para solucionarlo. Ve la situación desde el punto de vista de la otra persona y cuestiónate ¿Cómo le hago para manejar la situación si los papeles se invirtieran? Toma la iniciativa para encontrar la respuesta, resuelve el problema, o mantén el proyecto adelante.

18 DE SEPTIEMBRE

Nunca afirmes que la vida no te ha brindado oportunidades

Las oportunidades nunca realmente te llegan, más bien debes crearlas. Abundan las oportunidades para todas las personas en todos los ámbitos de la vida. Muchas veces no son las que tú esperas, pero cada oportunidad que se aprovecha conduce a mayores y mejores oportunidades posteriores. La discapacidad física y mental puede significar que tengas que explorar territorios desconocidos para otros, pero también significa que tengas posibilidades que los demás nunca tendrán. Piensa simplemente en la investigación brillante que realizó Stephen Hawking sobre la naturaleza del universo, a pesar de padecer parálisis cerebral. Aquellos que se acercan a sus puestos de trabajo y a sus carreras con entusiasmo siempre encontrarán innumerables oportunidades, mientras que los que se quejan de que nadie les da la oportunidad no son más que simples espectadores de la vida. Cuando determines que no vas a permitir que otros determinen tu futuro, y te niegues a permitir que los reveses temporales te conduzcan a la derrota, estarás destinado a partir de ese momento a tener éxito. Las oportunidades siempre estarán ahí para ti. Cuando haya adversidades que no se puedan superar, saca provecho de esas experiencias más adelante cuando enfrentes reveses similares.

19 DE SEPTIEMBRE

Quien no aprovecha las oportunidades raramente alcanza sus objetivos

El éxito siempre conlleva un riesgo. Aprovechar oportunidades puede implicar inversión de tiempo, dinero y esfuerzo. Al analizar las oportunidades, sé cuidadoso y cauteloso, pero no permitas que la timidez te detenga. Es natural que después de trabajar muy duro por mucho tiempo lo pienses mejor antes de arriesgar dinero y bienes que tengan un alto valor sentimental y monetario para ti. Pero ¿para qué sirven esos medios si no pueden aprovecharse para conseguir más riqueza? Reconocerás oportunidades en la medida en que estés dispuesto a considerar riesgos de tiempo, dinero y esfuerzo en tus propósitos. Infúndete de valor y coraje para enfrentar esos riesgos y actúa a partir del momento en que surja esa oportunidad en tu mente. Nadie te persuadirá al éxito, ya que lo encontrarás sólo en la medida en que activamente lo busques.

20 DE SEPTIEMBRE

Cita tomada del Libro "Piense y hágase Rico" de Napoleón Hill

Ninguna persona aspirante al éxito puede razonablemente esperar acumular una fortuna sin experimentar la "derrota temporal". Cuando esa derrota llegue, acéptala como señal de que tus planes no son profundos; reconstruye esos planes y despliega tus velas de nuevo hacia tu ambicionado objetivo. Si abandonas antes de alcanzar tus metas, serás entonces un "desertor". Y lo cierto es que "un desertor nunca gana y un vencedor nunca deserta."

21 DE SEPTIEMBRE

¿Por qué tienes que esperar a que las cosas sucedan?, Sal a buscarlas

Muchas personas pasan toda su vida esperando ese día glorioso en que se les presente la oportunidad mágicamente sin tenerla que buscar. Demasiado tarde se dan cuenta que esa añorada oportunidad sólo llegó para aquellos que lo buscaron afanosamente en sus mentes. Si no has formulado aún un plan para lo que te gustaría lograr en tu vida, no desperdicies un minuto más. Cuando tengas un propósito definido impulsado por un ardiente deseo de alcanzar tus objetivos, nada se interpondrá en tu camino. No te sientes a esperar que los acontecimientos sucedan en la vida. Cuando sabes lo que quieres y la manera de lograrlo, la vida negociará contigo y no ocurrirá al revés.

22 DE SEPTIEMBRE

No preguntes a tu jefe la razón por la que no te promueven, pregúntaselo mejor a quien realmente más te conozca

Sólo hay una persona que está a cargo de tu desarrollo profesional, y esa persona eres tú. Según se dice, Lee Iacocca había escrito su plan de carrera en la parte posterior de una tarjeta de presentación. En ella escribió las promociones que esperaba obtener y las fechas en las que esperaba recibirlas, hasta que fue nombrado presidente general de la compañía para la que trabajaba. Las personas exitosas saben que tienen que crear sus propias oportunidades y se preparan con tiempo para cuando eso llegue. Algunas organizaciones son claramente definidas en fijar las trayectorias de carrera de sus empleados, mientras que otras son más informales en su enfoque, pero cuando se estudia a la gente de alto nivel en una empresa, se puede identificar rápidamente el tipo de educación y experiencia que necesitarían para crecer profesionalmente. Si trabajas para la empresa adecuada a tus objetivos de crecimiento, que te lleve a la emoción y entusiasmo por trabajar ahí, aplícate en identificar la trayectoria que te gustaría seguir y trabaja duro para convertirte en el trabajador calificado necesario para ese puesto que ambicionas tener.

23 DE SEPTIEMBRE

Un pequeño trabajo bien desempeñado es el primer paso para aspirar a obtener uno de mayor jerarquía

El éxito es un evento más que un proceso. El mayor logro se alcanza después de lograr una cadena de éxitos más pequeños. La mayoría de nosotros sube peldaños en el trabajo poco a poco mediante la capacidad que se demuestra. Cuando comenzamos nuestras carreras, nos asignan responsabilidades equiparables a nuestra habilidad y experiencia. Conforme demostramos nuestra valía como trabajadores a la empresa, en la misma medida se nos va delegando más responsabilidades gradualmente y se nos involucra cada vez más en proyectos de mayor importancia. Por eso cuando asumas la responsabilidad en algún puesto, hazlo con la mirada puesta en los futuros proyectos de la empresa. Saca el mayor provecho de tu empleo actual, pero siempre ten en mente planes para el futuro. Cada día que pase, visualízalo como una oportunidad de aprender algo que te convertirá en algo más valioso para la compañía en la que trabajas, de tal modo que cuando se presente la posibilidad de alguna promoción, sea tu nombre el primero que venga a la mente de tu jefe.

24 DE SEPTIEMBRE

No hay mucho que hacer por aquellos individuos que no tratan ni siquiera de salir adelante por ellos mismos

Una de las claves para el éxito es la Iniciativa Personal. La mayoría de las gentes, incluso aquellos que jugarán un papel importante en el éxito que alcances en la vida, no te proporcionaran el apoyo a menos que vean que tú primero tomas la iniciativa. Por eso cuando veas que algo se tiene que hacer, simplemente hazlo. El fundador de "Wendy`s", Dave Thomas, afirma, "Tomar la iniciativa, por pequeña que ésta sea, se refleja en que la suerte mejore en nueve de cada diez días."

25 DE SEPTIEMBRE

Cita tomada del Libro "Piense y hágase Rico" de Napoleón Hill

Algunas personas creen firmemente que sólo el dinero puede hacer dinero. ¡Esto no es cierto! Solamente el deseo transformado en su equivalente monetario mediante la aplicación de ciertos principios es el "agente" mediador con el que de verdad se hace dinero. El dinero, en sí mismo, no es nada más que materia inerte. No puede moverse, pensar o hablar, pero puede "oír" cuando un hombre que lo desea le llama.

26 DE SEPTIEMBRE

La oportunidad nunca se aproxima a aquellos que se montan en la cerca de la indecisión

La gente exitosa es gente decidida. Cuando las oportunidades se presentan en sus vidas, ellos las evalúan cuidadosamente, toman una decisión, y emprenden las acciones consecuentes. Saben que la indecisión es sinónimo de desperdicio de tiempo y que puede ser mejor aprovechado en tareas más productivas. Igualmente, evitan riesgos innecesarios al implementar sus decisiones gradualmente. No intentan tomar las decisiones desde el principio. Cada acción es consecuencia lógica del éxito de alguna acción que la haya precedido. Benjamín Franklin, uno de los hombres americanos más sabios, se dice que empleaba un método muy sencillo para tomar decisiones muy difíciles. Lo que hacía era dibujar una línea en el centro de una hoja de papel, y en uno de los lados enlistaba los "pros" y en el otro lado los "contras" de la decisión a tomar. Además de simplificar el proceso de la toma de decisiones, la lista también servía como una ilustración gráfica de las ventajas y desventajas de cualquier decisión tomada, independientemente de su complejidad. Así, el impacto de la decisión podía entonces ser fácil y rápidamente evaluada.

27 DE SEPTIEMBRE

La oportunidad te permite poner los pies en la puerta del éxito, y de ninguna manera derriba la puerta para que entres

Las oportunidades no caen del cielo. El ganar un sorteo te convierte instantáneamente en un hombre rico; pero encontrar las oportunidades significa que tienes que trabajar. Cuando afinas y preparas tu mente para reconocer las oportunidades, entenderás que la mayoría de las veces esto implica la explotación de una parte de tu potencial, que se puede ver en la forma de proporcionar un nuevo o mejor servicio, racionalizar la producción o llegar hasta nuevos mercados. Esto es por lo que el hábito de la iniciativa es tan importante. Debes estar preparado para actuar tan pronto como reconozcas una oportunidad. Sin embargo, no olvides que una oportunidad requiere de tiempo y perseverancia a desarrollar.

28 DE SEPTIEMBRE

La mayoría de los infortunios son el resultado de tiempo mal invertido

La única suerte en el mundo es la que creas tu mismo. Sólo en un casino las probabilidades son a favor de la casa. En la vida real, las posibilidades siempre favorecen a aquellos que utilizan su tiempo sabiamente para alcanzar sus objetivos de manera constructiva, para llenar cada día con la plenitud del trabajo honesto. La mala suerte acontece a aquellos que pierden tiempo y energía mental con la esperanza de esa gran oportunidad que los impulse a la grandeza. Todos tenemos las mismas veinticuatro horas a nuestra disposición cada día. La mayoría de nosotros pasamos ocho horas de trabajo y ocho horas de sueño. Lo que hagas con las restantes ocho horas tendrá una enorme influencia en el nivel de éxito que logres en tu vida.

29 DE SEPTIEMBRE

Henry Ford según se dice ofreció 25.000 dólares a cualquiera que le demostrara como ahorrar una simple tuerca y perno en la fabricación de un automóvil

Sin Henry Ford, nuestro país no sería la América que conocemos hoy. Su obsesión por la reducción de costos y mejoras de la productividad fue lo que le permitió construir su primer automóvil y que la gente común pudiera adquirirlo a bajo costo, y esto, a su vez, llevó a la construcción de una vasta red de caminos y carreteras que dio origen a la sociedad móvil de hoy. También sentó las bases para la gestión de la calidad total y los programas de mejora continua que prevalecen en la industria automotriz hoy en día. A todos nos haría bien aprender de las lecciones que la industria del automóvil ha dejado en los últimos años. Este personaje nos demostró que tener un enfoque obsesivo en las necesidades y deseos de nuestros clientes nos permite ser una parte indispensable de sus vidas, pero nada es para siempre. La mejora continua se espera en casi todas las industrias, y la calidad es el requisito mínimo en la economía global de hoy. Los líderes son aquellos que superan significativamente la competencia en todos los aspectos del negocio.

30 DE SEPTIEMBRE

**Antes de preocuparte en cómo conseguir ganar
más sueldo, trata de idear cómo podrías hacer
un mejor trabajo, y ten la seguridad de que el
asunto del sueldo por si solo se solucionará**

Al dedicar tu tiempo y esfuerzos para hacer lo mejor de tu parte en cada trabajo
que haces, automáticamente te llegará la recompensa a través de aumentos de
sueldo y promociones en vez de justificar con argumentos que mereces más
por lo que haces. Cuando te acercas a tu puesto de trabajo con entusiasmo
en un espíritu de cooperación amistosa, esa simple acción te distinguirá de la
gran mayoría de las personas cuyo interés principal se enfoca más bien en pasar
el tiempo platicando y en pensar lo injusta que es la empresa con ellos por el
salario que devengan. No te quejes con alguien más sobre tu situación actual
en tu trabajo o de lo poco que pudieras estar ganando en salario, no lo hagas ni
siquiera con tu mejor amigo. Ya que esas quejas pueden llegar a oídos de tu jefe
y eso le haría pensar y desconfiar del tipo de persona que tiene en su equipo de
trabajo. O si tu fueras él, ¿que tipo de trabajador preferiría tener en tu equipo:
alguien que se la pase quejando constantemente o alguien que siempre esté
dispuesto para el trabajo, y que sea alegre y confiable?

OCTUBRE

1 DE OCTUBRE

La naturaleza muestra sus secretos más profundos a quienes están decididos a develarlos

El campo de la ciencia es tal vez el mejor ejemplo de cómo el éxito llega sólo para aquellos que aplican el principio del pensamiento positivo de manera persistente y con un esfuerzo decidido. Se dice que el gran inventor de Estados Unidos, Thomas A. Edison, fracasó 10.000 veces en su intento de desarrollar una bombilla de luz eléctrica aceptable. Aprendió de cada fracaso y se negó a renunciar a su proyecto hasta que lo logró. Los avances se producen todos los días, por la actitud determinada y persistente de algunas personas que están a la búsqueda de soluciones a los problemas. Son gentes que no han cedido en sus intentos y fueron dejando atrás a todos aquellos que optaron por abandonar el camino antes de tiempo. Quizás no puedas inventar la siguiente generación de bombilla o la próxima supercomputadora, pero si puedes encontrar soluciones creativas a problemas antiguos si aplicas los principios comprobados de éxito constante y persistente.

2 DE OCTUBRE

La Victoria siempre es posible para quien se rehúsa a dejar de luchar

Julio César había deseado por mucho tiempo la captura de los británicos. Para ello, navegó a las Islas Británicas y en voz baja ordenó que sus tropas descargaran sus suministros, para en seguida dar la orden de quemar las naves. Acto seguido, llamó a todos sus hombres y les dijo: "Ahora es ganar o morir. No tenemos otra opción." Con esta simple orden, logró garantizar el éxito de su campaña. Él sabía que las personas que no tienen otras alternativas, que pudieran ser condiciones para posibles fracasos, se obliga al éxito. Cuando te encuentres en una situación en donde la victoria parezca imposible de lograr, opta mejor por desarrollar un curso alternativo de acción. Si tu objetivo es no ceder el paso a un asalto frontal completo, intenta entonces un acercamiento oblicuo. Hay muy pocos problemas en la vida que sean imposibles de resolver, y pocos obstáculos que no cedan al impetuoso paso de una persona decidida y armada con un plan lo suficientemente flexible para hacer frente a la cambiante situación.

3 DE OCTUBRE

Cualquier persona abandona el barco cuando la situación es difícil, pero un pura sangre nunca abandona una carrera hasta que gana

La marcha es siempre difícil en el camino a la grandeza. Si el éxito fuera fácil, todo el mundo lo lograría. El ala de la NFL, el jugador Brian Holoway recuerda que cuando él jugaba para los Patriotas de Nueva Inglaterra y los Raiders de Los Ángeles, no había un solo día en que no tuviera ganas de renunciar porque el camino era demasiado duro y los sacrificios eran demasiado grandes. Por supuesto, no renunció y siguió adelante porque estaba decidido a triunfar y a pagar el precio de su éxito. Los verdaderos caballos pura sangre nunca abandonan sus competiciones porque la competencia los impulsa y los obstáculos simplemente refuerzan su determinación al triunfo. Si todavía no has alcanzado la grandeza en tu vida, es porque has estado dispuesto a conformarte con menos. Tal vez no puedas cruzar la línea de meta en primer lugar cada vez que lo intentes, pero si te quedas en la carrera, llegará el momento que lo logres.

4 DE OCTUBRE

Lo más interesante de una estampilla de correos es su persistencia para adherirse al sobre hasta concluir su trabajo

Una estampilla de correos, así de pequeña e insignificante, es un buen ejemplo de lo que es posible lograr cuando te apegas a conciencia a un trabajo hasta que lo terminas. Esa pequeña estampilla pegada en la esquina de un sobre, se mantiene adherida al mismo, cumpliendo a cabalidad su función de seguir adelante hasta que todo el envío llegue a su destino final. Valga la comparación, la influencia que puedes llegar a tener en tu compañía, tu iglesia, tu familia, o en cualquier organización es incalculable cuando tienes la persistencia de continuar hacia tu meta hasta alcanzarla. Es verdad que te encontrarás con obstáculos en el camino pero todo lo que vale la pena en esta vida implica esfuerzo. Cuando lo hagas, recuerda la función de esa pequeña estampilla, aparentemente intrascendente, pero que cumple con su trabajo hasta concluirlo.

5 DE OCTUBRE

Cita tomada del Libro "Piense y hágase Rico" de Napoleón Hill

Hablando de una manera general, hay dos tipos de personas en el mundo. Uno conocido como dirigente y el otro como dirigido. Decide desde un principio lo que intentas llegar a ser en tu empresa, si un dirigente o un seguidor. La diferencia en compensación es grande. El dirigido o seguidor no puede razonablemente esperar la compensación a que tiene derecho el dirigente, aunque muchos dirigidos cometen la equivocación de esperarlo así. Con muy pocas excepciones, el hombre que no puede seguir inteligentemente a un líder tampoco podrá convertirse en un eficiente dirigente, pero el hombre que es capaz de seguir de cerca a un eficiente líder es la persona que más rápidamente le emulará y puede incluso superar.

6 DE OCTUBRE

A menos que seas un oficial del ejército, siempre obtendrás más cuando pidas las cosas con cortesía que mediante órdenes

Los ejércitos pasan interminables horas entrenando a gente para que sigan órdenes sin chistar. Esa es una cualidad esencial de un soldado. En la vida cotidiana, sin embargo, las cosas no funcionan de esa manera. Los empresarios, los políticos y los líderes cívicos han aprendido que la gente común realiza sus tareas de manera destacada, cuando se les pide, no cuando se les ordena hacerlo. Incluso cuando tú manejas gente, vas a lograr mucho más si al pedirles que hagan algo le agregas frases introductorias, tales como, "¿Le importaría..." o "¿Puedo pedir su ayuda..." o la frase típica siempre efectiva "Por favor..." . Cualquiera de ellas asegurará el éxito en lo que pidas que intimidando a los que trabajan para ti e infundiéndoles temor. Y sobre todo, cuando solicites ayuda de aquellos que no dependan de ti directamente, encontrará mucho más disposición a las peticiones que impartiendo órdenes.

7 DE OCTUBRE

Cuando le cierras la puerta de tu mente a los pensamientos negativos, automáticamente se te abrirá la puerta de la oportunidad

Por naturaleza la oportunidad siempre se niega a involucrarse con los pensadores negativos. La mente negativa no es capaz de concebir nuevas oportunidades de negocio, inventar nuevos productos innovadores, resolver problemas difíciles, o crear música hermosa u obras de arte. Todas esas actividades requieren una creencia positiva en ti mismo y en tus habilidades. Cuando te enfocas a superar cada desafío con una actitud mental positiva, siempre descubrirás oportunidades que otros han pasado por alto. Disfruta de tus logros y tenlos presente cuando las cosas se pongan difíciles. Consuélate en el hecho de que ya has tenido éxito en el pasado y puede volver a hacerlo. Puedes lograr todo lo que te propongas, si crees que puedes lograrlo!

8 DE OCTUBRE

La capacidad es más grande que el dinero porque ni se puede perder ni se puede arrebatar

Si estudias las vidas de gente muy exitosa, encontrarás que rara vez escalaron la cima de sus negocios o carreras y allí se quedaron. Esos personajes, a menudo subieron a la cima y cayeron hasta el fondo varias veces durante sus carreras, pero todos ellos sabían que la única cosa que les había permitido llegar a esas grandes alturas, y que era su capacidad, siempre estaría allí para ayudarlos nuevamente a llegar al éxito. Esa capacidad es lo único que posees en exclusiva y lo único que nadie puede arrebatarte.

9 DE OCTUBRE

Tu trabajo no puede hacer por ti más de lo que hagas por él

Cualquier trabajo ofrece las oportunidades para el crecimiento personal, si te acercas a él como una experiencia positiva de aprendizaje. Al igual que cada negocio tiene la obligación de adaptarse a las nuevas tecnologías, nuevos competidores, y un sinnúmero de otros cambios que se producen habitualmente, lo mismo ocurre con los individuos. Si no aprendes y avanzas en tu trabajo, corres el riesgo de estancarte y rezagarte. Es imposible estar quieto. Visualiza cada día como una oportunidad para aprender algo nuevo y mejorarte a ti mismo, y luego enfócate en hacer cosas mejores de las que hayas hecho antes. En una organización grande y dinámica, es imposible dominar todas las tareas, y por lo mismo cuando crees que tienes todo resuelto, las cosas cambian súbitamente. Acepta los cambios como un aspecto necesario de los negocios, porque finalmente, es lo que hace a la vida más interesante y emocionante. Al hacerlo, encontrarás tu trabajo mucho más agradable, y harás más por ti que por el trabajo mismo.

10 DE OCTUBRE

Cita tomada del Libro "Piense y hágase Rico" de Napoleón Hill

Los cerebros competentes, si se utilizan con verdadera eficacia, son una forma de capital mucho más apetecible que aquel que se necesita para dirigir un negocio relacionado con artículos de primera necesidad. El cerebro es una forma de capital que no puede ser permanentemente depreciada por las depresiones económicas, ni esta forma de capital puede robarse o gastarse. Además, el dinero, que es esencial para dirigir los negocios, es tan inútil como un montón de arena, a menos que se mezcle con cerebros eficientes.

11 DE OCTUBRE

Muchas personas exitosas encuentran las oportunidades en el fracaso y la adversidad, y no logran identificarlas cuando las circunstancias son más favorables

Samuel Johnson observó que ante serios hechos que atentan contra la vida de las personas la mente reacciona maravillosamente. Tú mismo tal vez alguna vez has comprobado que tu mente parece más aguda cuando te enfrentas con dificultades mayores. La desesperación a menudo te demuestra que realmente eres mejor de lo que crees ante la adversidad. Pero a excepción de una amenaza que atente contra la vida o la salud, hay pocas situaciones que requieran acciones inmediatas. Cuando el mundo parezca estar conspirando en tu contra y nada esté funcionando bien, haz una pausa por un momento para pensar detenidamente en la situación, y elabora un plan de acción adecuado que te ofrezca la mayor probabilidad de éxito.

12 DE OCTUBRE

Nadie puede dar consejos a menos que él o ella sepan como aceptarlos y llevarlos a cabo

Una cualidad esencial del liderazgo es el desarrollo de la capacidad de persuadir a los demás para alinear sus objetivos con los tuyos y los de la organización para la que trabajan. Tú puedes ser capaz de unir tus fuerzas con la de los demás en la búsqueda de un objetivo común, pero no serás capaz de persuadirlos a unirse a tu causa sin tener liderazgo. Los líderes eficaces reconocen el valor de trabajar juntos, y aprenden a seguir instrucciones, antes de comprometerse con la responsabilidad por el desempeño de los demás. Los buenos líderes demuestran, por ejemplo, cómo esperan que los demás se comporten. A pesar de que las tropas pueden ser entrenadas para obedecer órdenes sin cuestionarlas, el oficial siempre puede liderarlos en un campo de batalla. No puedes empujar a otros a seguir tu ejemplo; debes trabajar a la par de ellos. Cuando demuestras, no sólo mediante palabras sino por hechos, que eres una persona de carácter y que trabaja por el bien de toda la organización, a partir de ese momento la gente se sumará a tu causa y será más receptiva a las peticiones que a las órdenes.

13 DE OCTUBRE

La cooperación amistosa no es obra del demonio, él trabaja en otros aspectos de nuestros defectos de carácter

Las relaciones humanas más nobles son las que se han formado en un espíritu de cooperación y armonía. La cooperación, en muchos sentidos, es la manifestación física del cuidado y preocupación por el prójimo. Cuando se trabaja con otros en un espíritu de cooperación amistosa, te estás conduciendo de acuerdo a los principios fundamentales de la mayoría de las religiones y todas las sociedades exitosas. Todo el mundo en ocasiones se siente acosado por los celos o la envidia, y muchas veces acompañado por el deseo de ver en problemas o dificultades a las personas con los que no simpatizan en absoluto. Las personas verdaderamente exitosas han aprendido a reprimir tales impulsos. Ellos saben que si se concentran en sus propios objetivos y ayudan a otros a lo largo del camino, con el tiempo llegarán a sus metas. No es fácil ser siempre una persona amistosa y cooperativa, pero al final encontrarás que vale la pena el esfuerzo.

14 DE OCTUBRE

La cooperación debe comenzar en la cabeza de un departamento para predicar con el ejemplo. Lo mismo es válido para la eficiencia

En la mayoría de las grandes organizaciones, la cantidad de tiempo y energía que se malgasta en la rivalidad entre departamentos es enorme. Gerentes que compiten con otros por la ambición de puestos provoca un desgaste considerable de recursos que de otra forma pudieran ser mejor canalizados al cumplimiento de la misión de la compañía de servir mejor a sus clientes. Peor aún, un criterio negativo en la dirección de la empresa puede causarle la pérdida de oportunidades, que sólo pueden ser cuantificados al cabo de meses e incluso años. No importa si eres un jefe de departamento o el más nuevo en un equipo de trabajo, de cualquier forma tu puedes ayudar a tu empresa inmensamente cuando te niegas a involucrarte en luchas internas y juegos políticos que a nada conducen. Mejor compite contigo mismo para hacer el mejor trabajo que puedas hacer en lugar de competir con los demás.

15 DE OCTUBRE

Cita tomada del Libro "Piense y hágase
Rico" de Napoleón Hill

La mayoría de las personas que fracasan en la acumulación de dinero suficiente para cubrir sus necesidades se dejan influir generalmente por la opinión de los demás. Permiten que los periódicos y el comadreo de los vecinos piensen por ellos. Las opiniones son el artículo más barato de la tierra. Todo el mundo tiene un auténtico rebaño de opiniones dispuesto a verterse en aquella persona que lo acepte voluntariamente. Si te dejas influir por opiniones ajenas cuando tomes decisiones, no tendrás éxito jamás en ninguna empresa y muchísimo menos en la de transmutar tu propio deseo en dinero.

16 DE OCTUBRE

Trata de insinuarle a tu jefe sobre lo que más te
gusta, y verás su disposición a colaborar contigo
para deshacerte de lo indeseable para ti

En los últimos años, grandes avances se han hecho para superar la tradicional confrontación entre trabajadores y patrones. Por fin estamos aprendiendo que cuando nos enfocamos más en servir mejor a nuestros clientes, todos salimos ganando. Cuando comienzas a centrarte en lo que es bueno y más conveniente para tu empresa, en vez de enfocarte en lo que no te gusta de ella, te sorprenderás de lo rápido que empiezan a mejorar las cosas en tu empleo y de las oportunidades de crecer profesionalmente. De pronto te verás con mejores y más responsabilidades.

17 DE OCTUBRE

La cooperación voluntaria produce un poder perdurable, mientras que la cooperación forzada siempre acaba en fracaso

Ninguna civilización basada en el trato injusto a su pueblo ha perdurado jamás. Un tirano puede obligar a la cooperación de los demás por un tiempo, pero ese poder nunca es constante. Sólo cuando a las personas se les concede el respeto que se merecen, voluntariamente crean y mantienen organizaciones y sociedades exitosas. Cuando se crea una empresa o una organización basada en la equidad y la justicia para todos sus miembros, se construye un poder que perdurará por mucho tiempo. La mejor manera de asegurar el compromiso y la cooperación incondicional de los demás es mediante la simple aplicación de la regla de oro. Es la teoría de gestión más exitosa y de larga duración que se haya desarrollado jamás. ¿Y que nos dice esta regla? Simplemente que cuando tratas a los demás como te gustaría ser tratado en su situación, propiciarás en los demás su lealtad y cooperación entusiasta. Establece normas altas para ti mismo y tus empleados, trátalos bien, deja que ellos hagan su trabajo, y verás que harán milagros en sus actividades.

18 DE OCTUBRE

La cooperación amistosa siempre vale la pena, porque todo trabajo en equipo genera una actitud mental positiva, que no reconoce obstáculos

En cualquier esfuerzo organizado, los obstáculos siempre surgen. A veces aparecen en forma de problemas técnicos, y a veces se manifiestan a través de disputas entre los miembros del equipo sobre decisiones en cuanto al mejor curso a seguir. Cuando eres un ejemplo de iniciativa y de comunicación abierta, encuentras que tu equipo tiene los recursos mentales y espirituales para superar ese tipo de disputas. Cuando un grupo de personas confían en su líder y en ellos mismos, no gastan sus energías inútilmente en luchas sin sentido, porque saben que todos en conjunto se beneficiarán al encontrar soluciones al trabajar en equipo compartiendo conocimientos e ideas. Todo líder habilidoso puede crear soluciones a problemas, pero únicamente cuando en el grupo existe un espíritu de amistad y colaboración incondicional.

19 DE OCTUBRE

En medio de tu mundo de ocupaciones, nunca te olvides de esos amigos que estuvieron contigo cuando más los necesitaste

Todos tenemos memoria corta. Nos preocupamos por nuestros propios intereses y preocupaciones diarias, y es fácil perderles la pista a los amigos. Siempre habrá momentos en los que se debe elegir entre lo que se quiere hacer y lo que se debe hacer. Cuando te enfrentes a estas difíciles decisiones, acuérdate de los verdaderos y leales amigos que siempre encontraste cuando más los necesitaste, Cuando te olvidas de la amistad de un amigo que siempre estuvo contigo en las adversidades, no sólo ese alejamiento afectará negativamente a la amistad de ambos, puede causar también graves daños a tu propia autoestima. Cuando le fallas a un amigo, independientemente de las ocupaciones que te hayan alejado de él, también te estás fallando a ti mismo. Si no puedes mantener tu contacto con tus verdaderas amistades, busca otras formas de compensar ese distanciamiento.

20 DE OCTUBRE

Cita tomada del Libro "Piense y hágase Rico" de Napoleón Hill

Los amigos íntimos y los parientes, aun cuando no sea ésa su intención, a menudo frenan las opiniones de uno y algunas veces hasta consiguen que uno haga el ridículo. Miles de hombres y mujeres sufren complejos de inferioridad durante toda su vida porque una persona muy bien intencionada pero ignorante, destruyó su confianza mediante sendas opiniones o haciendo el ridículo. Tú posees mente y cerebro propios. Utiliza ambas cosas y toma tus propias decisiones.

21 DE OCTUBRE

Hazte de amigos no de simples conocidos

Amigos son los que haces en la vida. Si eres el tipo de amigo que comparte libremente su tiempo y siempre muestras consideración por los demás, tus amigos siempre serán generosos y amables. Pero si eres de los que no te importan las verdaderas amistades y vas por el mundo conociendo gente simplemente, entonces no esperes sinceridad y generosidad a cambio. En la amistad, la ley de la atracción se aplica a la perfección. Atraes a los que son como tú eres. Evalúa tu comportamiento de vez en cuando para determinar la clase de amigo que realmente eres. Y cuestiónate: ¿Soy el tipo de persona que a los demás les gustaría tener como amigo? ¿Estoy dispuesto a dar libremente más de lo que espero a cambio, o soy muy exigente y solo pido sin dar nada a cambio? ¿Aparto tiempo para estar en contacto con la gente que aprecio para recordar viejos tiempos? Cuando te obsesionas en tu trabajo y en tus propios intereses olvidándote de aquellos que siempre estuvieron contigo en las buenas y en las malas, estarás en camino de quedarte sin amigos muy pronto.

22 DE OCTUBRE

Si buscas a tus amigos sólo cuando te aquejan los problemas, pronto te quedarás completamente solo

Hay mucha sabiduría en el viejo dicho que dice: "Si quieres verdaderos amigos, sé un buen amigo". La amistad significa dar sin esperar nada a cambio. Por lo general, las personas de éxito no andan a la búsqueda de nuevos amigos. Por lo que si quieres ser amigo de ellos tienes que esforzarte para demostrarles que estás interesado en ellos como personas y no por su dinero o influencias. Es difícil convencerlos de tus propósitos pero la sinceridad siempre vence y convence.

23 DE OCTUBRE

Recuerda que nadie puede herir tus sentimientos sin que tú lo permitas

Nadie puede influir en ti para que actúes de determinada manera sin que tú lo permitas. Tú eres el único responsable de tus sentimientos y emociones. Cuando sabes lo que planeas hacer con tu vida, no permites que situaciones molestas logren disuadirte de lograr tus objetivos por mucho tiempo. Si estableces objetivos ambiciosos y trabajas con entusiasmo para su logro, enseguida te das cuenta que ningún obstáculo o molestia por pequeña que sea te impedirá alcanzar tus metas.

24 DE OCTUBRE

Aquellos que no aceptan indicaciones fácilmente no crecen en ninguna organización

Si eres un trabajador irresponsable o conflictivo que no acepta indicaciones fácilmente, estarás destinado a permanecer rezagado para promociones e incrementos de salario. Antes de aspirar a dirigir a otras personas, debes aprender a manejar tus relaciones con los demás con eficacia, sobre todo con los que ocupen puestos superiores en la organización. A menos que aprendas a manejar adecuadamente tu relación con tu propio jefe o jefes, no tendrás la capacidad de relacionarte adecuadamente con tus subordinados.

25 DE OCTUBRE

Cita tomada del Libro "Piense y hágase Rico" de Napoleón Hill

Es cosa característica de la gente que posee un ligero barniz educativo o cultural, intentar dar la impresión de que poseen muchos conocimientos. Tales personas generalmente hablan demasiado y escuchan poco. Mantén los ojos y oídos bien abiertos y la boca cerrada si deseas adquirir la costumbre de tomar prontas decisiones. Los que hablan demasiado no hacen más que eso. Si hablas, más que escuchar, no solamente te privarás de muchas oportunidades de acumular útiles conocimientos, sino que también descubrirás tus planes y propósitos ante personas que se sentirán satisfechas de derrotarte porque seguramente te envidian.

26 DE OCTUBRE

La Amistad reconoce que los amigos pueden cometer errores, pero sin ventilarlos ante los demás

La verdadera amistad reconoce las imperfecciones, los acepta como parte de nuestra constitución individual, y se centra en nuestros aspectos positivos en lugar de desnudar nuestros defectos. A tus amigos seguramente no les agradaría que externaras comentarios sobre sus fracasos al igual que a ti no te gustaría que te criticaran. Cuando tus amigos estén desmotivados o pasen por un cuadro depresivo, una palabra de aliento les servirá mucho más que un sermón. Para ser el tipo de amigo que a ellos les gustaría tener, sé un buen oyente y confidente, ofrece asesoramiento sólo cuando te lo pidan, y haz honor a ese tesoro de la confianza que tus amigos han depositado en ti. Elógialos por sus logros y comparte con ellos sus infortunios, pero evita en lo posible las famosas "críticas constructivas" o hacerla de abogado del diablo. La mayoría de nosotros estamos conscientes de nuestros alcances y de nuestros defectos y por eso no necesitamos que se nos recuerde o critique por parte de quienes consideramos nuestros amigos.

27 DE OCTUBRE

La amistad se alimenta de la expresión frecuente de afecto para permanecer viva

Todos somos seres humanos con flaquezas, debilidades e inseguridades. Cada uno de nosotros necesita del aprecio de los demás y de una palabra de apoyo en los momentos difíciles. Mantener las amistades requiere un esfuerzo persistente y de expresión, tanto de palabra y obra. Siempre que puedas diles a tus amigos lo mucho que los aprecias. Recuerda las fechas y ocasiones que son importantes para ellos. Felicítalos por sus logros. Y lo más importante de todo, recuérdales que siempre estarás allí para ellos cuando más te necesiten.

28 DE OCTUBRE

Un buen equipo de futbol se basa más en la coordinación armoniosa del esfuerzo colectivo, que por la habilidad individual de sus integrantes

El trabajo en equipo es "el esfuerzo cooperativo de todos los integrantes de un equipo para el logro de una meta común." Siendo las palabras clave en esta definición: "el esfuerzo cooperativo". Sin el apoyo de todo el grupo, ningún equipo puede durar mucho tiempo. Los jugadores de futbol aprenden rápidamente que ningún miembro del equipo puede sentirse la estrella en cada juego. La mayoría de los éxitos o momentos de gloria son el resultado de cada partido jugado con determinación, inteligencia, coraje y compromiso colectivo. Un equipo ganador es aquel en el que sus integrantes reconocen que cuando uno de los miembros es exitoso es porque todo el equipo lo es también. Y por el contrario, una formula segura para tener un equipo perdedor es crear un ambiente en el que sus integrantes compitan entre todos ellos para ver quien es el mejor, en lugar de competir contra el oponente. Cuando todos los integrantes dan lo mejor de si en cada jugada de un partido, el ganador es el equipo en su conjunto al igual que cada uno de sus integrantes.

29 DE OCTUBRE

Si no puedes llevarte con los demás, por lo menos puedes evitar pelearte con ellos

Cuando te involucras en una disputa con alguien más, puede que sea la única ocasión o situación en la que no hacer nada es mejor que hacer algo. Hay una razón práctica para entenderlo mejor. Cuando discutes con los demás, incluso aún habiendo salido airoso de la discusión, te llenas innecesariamente de estrés. Es imposible mantener una Actitud Mental Positiva en tal situación cuando mantienes emociones negativas como el coraje y el odio, o te dejas dominar por tus instintos. Nadie te puede sacar de quicio o hacerte enojar a menos que tú lo permitas. En lugar de discutir con los demás, intenta indagar los motivos del desacuerdo con los demás preguntando: "¿Por qué te sientes así?", "¿Qué hice para que te enojaras de esa forma?" o "¿Qué puedo hacer para ayudar a solucionar esto?". Al hacerlo encontrarás que toda la situación es simplemente el resultado de un mal entendido que rápidamente puede ser rectificado. Incluso si los problemas son más serios, tu comportamiento positivo ayudará significativamente a resolver el conflicto.

30 DE OCTUBRE

La fricción en una maquinaria se traduce en costos de dinero mientras que la fricción en las relaciones humanas empobrece tanto al espíritu como a la cuenta bancaria

La discordia en toda relación a menudo tiene desagradables consecuencias financieras, pero es mucho más costosa en términos humanos. Cuando te involucras en una relación tortuosa, toda la energía física y mental que podría direccionarse hacia logros positivos se disipa inútilmente en actividades estresantes e improductivas. Por desgracia, cualquiera que sea la causa de una fricción entre personas, afecta negativamente a cada una de las partes involucradas. Por esa razón cuando te encuentres en una situación conflictiva, hay pocas alternativas posibles. Podrías resolver tus problemas o abandonar al equipo. Sólo tú sabes cual de ellas es la mejor solución, pero si evaluaras objetivamente tus razones para involucrarte y encontrar que siguen siendo válidas, el mejor curso de acción puede ser tragar tu orgullo y encontrar una solución que sea aceptable para todos los involucrados. Si te sientas incapaz de tomar esta decisión, quizás sea hora de dejar el equipo y buscar otro camino para el logro de tus objetivos.

31 DE OCTUBRE

Existe armonía prácticamente en todo el universo excepto en las relaciones humanas

Nuestro universo se caracteriza por el orden y la armonía, incluso los seres humanos constantemente debemos luchar y esforzarnos para alcanzar las mismas características en nuestras relaciones. De hecho, los seres humanos parecemos encontrar como algo no tan natural el acto de cooperar con los demás. Los individuos exitosos son aquellos que han aprendido a nadar contra corriente y hacen todo aquello que los demás no han estado dispuesto a hacer. Estas personas han aprendido como trabajar en grupo para beneficio de todo el equipo. Alcanzar la armonía en cualquier relación de negocios, o de tipo personal o profesional, requiere de trabajo. Pero es un hecho que se llega más lejos que los demás cuando asumes una actitud de armonía en tus relaciones y te preocupas por todos los miembros de tu equipo

NOVIEMBRE

1 DE NOVIEMBRE

Si no puedes llevarte con los demás, por lo menos puedes evitar pelearte con ellos.

Cuando te involucras en una disputa con alguien más, puede que sea la única ocasión o situación en la que no hacer nada es mejor que hacer algo. Hay una razón práctica para entenderlo mejor. Cuando discutes con los demás, incluso aún saliendo airoso de la discusión, te llenas innecesariamente de estrés. Es imposible mantener una Actitud Mental Positiva en tal situación cuando mantienes emociones negativas como el coraje y el odio, o te dejas dominar por tus instintos. Nadie te puede sacar de quicio o hacerte enojar a menos que tú lo permitas. En lugar de discutir con los demás, intenta indagar los motivos de desacuerdo con los demás, preguntando: "¿Por qué te sientes así?", "¿Qué hice para que te enojaras de esa forma?" o "¿Qué puedo hacer para ayudar a solucionar esto?". Al hacerlo encontrarás que toda la situación es simplemente el resultado de un mal entendido que rápidamente puede ser rectificado. Incluso si los problemas son más serios, tu comportamiento positivo ayudará significativamente a resolver el conflicto en cuestión.

2 DE NOVIEMBRE

Todo éxito duradero se basa en la existencia de relaciones humanas armoniosas

La mayoría de nosotros somos incapaces de transitar solos por la vida. Ya sea en nuestros trabajos, en nuestras relaciones personales, o en nuestras vidas, siempre necesitamos de los demás para alcanzar el éxito deseado que anhelamos. Además, ¿que sentido tendría que tuviéramos todo en la vida si no contamos con quien compartirlo? Tienes la capacidad de elección para trabajar con los demás, para ignorarlos o para actuar en contra de ellos, pero el más grande éxito de la vida viene de aquellos que trabajan armoniosamente con los demás. Cuando tus metas personales coinciden con las de las demás personas, no solo potencializas ese esfuerzo compartido en beneficio mutuo, sino que tal cooperación crea un efecto sinérgico que te permite llegar más lejos de lo que lograrías con la simple suma de tus esfuerzos individuales.

3 DE NOVIEMBRE

Ir a la deriva, sin un propósito u objetivo especifico, constituye la primera causa del fracaso

Sin un plan en tu vida es más fácil ofrecer menos resistencia a dejarte llevar por la corriente sin llegar a ningún destino en particular. Tener un plan definido en tu vida simplifica significativamente el proceso de tomar cientos de decisiones diarias que influyen en tu éxito final. Cuando sabes a donde ir, puedes decidir rápidamente si tus acciones se están moviendo hacia tu meta o alejándose de ella. Sin metas definidas ni planes para su logro, cada decisión se va al vacío. Definir propósitos facilita el contexto y te permite vincular acciones específicas a tu plan total.

4 DE NOVIEMBRE

Tu valentía real se muestra más evidentemente en la hora de la adversidad.

Algunas adversidades son tan severas que rendirnos ante ellas significa perder toda oportunidad de seguir adelante. Cuando el General Matthew Ridgway asumió el control de la guerra de Corea se encontró con que sus tropas estaban asediadas hacia el sur fuertemente por los invasores. Ante tal panorama, sólo una decisión determinante tomada en aquel momento fue capaz de permitir que las tropas americanas no fueran derrotadas aplastantemente y de ese modo pudieran reconquistar todo el terreno que habían perdido. Cuando una derrota te golpee puedes no disponer de tiempo para abstraerte y contemplar tus errores sin arriesgarte más allá de las adversidades. No sucumbas a la parálisis. Es importante saber en ese momento cual es tu verdadero deseo y actuar para preservar tus recursos y esperanzas. Si al contrario, te desmoronas totalmente, dañaras tu autoestima y tendrás serias dificultades para recuperarte. En lugar de eso, apégate a tus principios, y sabrás al menos que habrás protegido la cosa más importante que tú tienes, la capacidad de que tus éxitos en la vida superen en número a tus fracasos.

5 DE NOVIEMBRE

Cita tomada del Libro "Piense y hágase Rico" de Napoleón Hill

La indecisión es un hábito que generalmente se inicia en la juventud. Ese hábito se convierte en cosa permanente cuando el individuo pasa por la escuela de primer grado, por la segunda enseñanza e incluso por la universidad sin que muestre propósitos definidos. El hábito de la indecisión acompaña al estudiante hasta la ocupación que elige... si es que elige alguna. Generalmente, la juventud al abandonar la escuela busca cualquier clase de trabajo, el que le salga al paso. El joven acepta lo primero que encuentra porque ha caído en el hábito de la indecisión. Noventa y ocho de cada cien personas que hoy día trabajan a sueldo, ocupan tales puestos porque carecen de un propósito bien definido, de un plan a seguir para salir del "hoyo."

6 DE NOVIEMBRE

La gente que juega apostando dinero son defraudadores potenciales porque están tratando de obtener algo a cambio de nada

Cualquiera que arriesga su riqueza por encima de los caprichos inconstantes de la oportunidad, describe al tipo de persona que a nadie le gustaría tener de socio de negocios. Son individuos muy propensos a sucumbir a las tentaciones de ahorrar esfuerzo y dinero en inversiones en perjuicio de la calidad de un producto, por ello no son buenos para supervisar condiciones inseguras de trabajo y generalmente fracasan para cumplir con sus promesas. Es imposible obtener algo a cambio de nada y mantener tal situación durante un período continuo de tiempo. La ley de la compensación es el desequilibrio entre lo que obtienes y lo que te mereces. A veces puedes sentir que te mereces más de lo que obtienes pero eventualmente tu retribución tendrá que ser en proporción a tus esfuerzos.

7 DE NOVIEMBRE

Las fallas humanas son como la mala hierba que crece en el jardín. Al crecer sin los cuidados requeridos pronto se esparce desordenadamente y sin control, pero si la rescatas a tiempo crecerá hermosamente

Los hábitos se forman tan lentamente que la mayoría de nosotros no nos damos cuenta de lo que está pasando hasta que éstos llegan a arraigarse tanto que es difícil erradicarlos. Pocas veces se puede eliminar un patrón de comportamiento sin sustituirlo por otro. Se ha dicho que la naturaleza aborrece el vacío y siempre encontrará algo para llenar el hueco. La mejor manera de diluir las "malas hierbas", o fallas en tu carácter, es identificar los rasgos con los que no estás satisfecho y sustituirlos por sus contrapartes positivas. Por ejemplo, Si tienes la tendencia a perder los estribos, busca un reemplazo para esa ira. Neutralízala con una expresión o afirmación positiva, tal como: "Nadie puede hacerme enojar a menos que se lo permita. No dejaré que otras personas controlen mis emociones."

8 DE NOVIEMBRE

El fracaso parece ser el plan natural para prepararnos para responsabilidades más grandes

Si todo lo que intentáramos lograr en la vida lo obtuviéramos con un mínimo de esfuerzo y se diera exactamente conforme a lo planeado, sería muy poco lo que aprenderíamos y muy aburrida nos resultaría la vida! Y que arrogantes nos volveríamos si tuviéramos éxito en todo lo que nos propusiéramos. El fracaso nos permite desarrollar la cualidad esencial de la humildad. No es fácil para cualquier persona que experimenta un fracaso aceptarlo filosóficamente, y mantenerse sereno pensando que es una de las experiencias más aleccionadoras de la vida. Pero así es. Las cosas de la naturaleza no son fácilmente entendibles, pero son repetitivas y por lo tanto predecibles. Puedes estar absolutamente seguro que cuando sientes que la vida no es justa contigo, eso es solo indicativo que la vida misma te está preparando para grandes logros.

9 DE NOVIEMBRE

Nunca conoces a tus reales amigos hasta que enfrentas una adversidad y requieres de su apoyo

Se ha dicho que todo mundo ama a la gente triunfadora, por eso muchas gentes te ignoran y son indiferentes cuando enfrentas adversidades. Sin embargo, uno de los beneficios poco apreciados que trae consigo la adversidad es su capacidad de acelerar el proceso de identificar de inmediato quienes son tus verdaderos amigos. La mayoría de nosotros lo que tenemos alrededor son solo conocidos y no verdaderos amigos. Éstos últimos solo se identifican cuando recurrimos a ellos por apoyo en caso de problemas. Lo sabio de todo esto es que ellos mismos reconocen la posibilidad de estar algún día en la misma situación, de requerir ayuda y de ahí su comprensión y apoyo.

10 DE NOVIEMBRE

Cita tomada del Libro "Piense y hágase Rico" de Napoleón Hill

La fuerza de voluntad y el deseo, cuando se combinan adecuadamente, forman una pareja irresistible. Los hombres que acumulan grandes fortunas son conocidos generalmente como individuos de sangre fría y hasta algunas veces rudos. A menudo son personas incomprendidas. Lo que poseen es fuerza de voluntad que mezclan con la persistencia y la colocan tras sus deseos para "asegurar" la consecución de sus objetivos.

11 DE NOVIEMBRE

El final del arcoíris se alcanza únicamente
al final de la segunda milla

La exhortación de Cristo hacia la fe según Mateo 5:41: "Uno no puede ir a una segunda milla mientras no haya recorrido la primera", fue en respuesta a la costumbre romana de permitirle a los oficiales romanos de obligar a otros a llevar a cuestas su carga durante una milla. El propósito de este principio bíblico, similar a la idea de poner la otra mejilla, era la de transformar lo malo que venía del demonio en cosas buenas. Tú puedes sumar bondad a la bondad simplemente rindiendo más allá de lo que se te pida hacer. Cuando realmente crees que el hábito de correr o ir más allá de las millas extras es la única forma aceptable para conducirte a ti mismo en todos tus tratos con los demás, y cuando eres movido por un deseo ardiente de servir al compañero o amigo, tu recompensa llegará financiera o personalmente tarde o temprano.

12 DE NOVIEMBRE

Un toro puede poseer buenas cualidades, pero
nunca las externará aún cuando lo provoques
pasándole una capota roja por su cara

Motivar a los demás es fácil cuando no te importa el tipo de acción qué puedas inspirar. Si deseas crear una respuesta positiva en los demás, lo haces con el ejemplo y a través del arte de la persuasión suave, no desafiándolos a que saquen su coraje a través de otras formas. Cuando trabajes con los demás, concéntrate en sus atributos positivos, no en las cosas que les disgusta o infunda miedo. Cuando te tomas el tiempo para conocer a tus compañeros, para aprender acerca de sus esperanzas, sueños y aspiraciones, sólo entonces podrás determinar lo que los motiva. Y de esa forma podrás mostrarles cómo se pueden alinear tus objetivos con los suyos para trabajar conjuntamente para el beneficio mutuo del grupo de trabajo. Cuando lo haces de esta forma todos ganan.

13 DE NOVIEMBRE

Algunas gentes parecen ser alérgicas hacia el trabajo honesto, sin percatarse que la oportunidad es igualmente alérgica hacia ellos

En cualquier negocio, profesión u ocupación, llega el momento en que tú debes dar. Por algún tiempo puedes hacerte al tonto pretendiendo que estás dando a los demás a través de un trabajo honesto, pero eventualmente llegará el momento en que se te evalúe por tus hechos y no por tus palabras. Si eres más hablador que lo que realmente haces, cambia entonces esa actitud a partir de ahora. Corres el riesgo de naufragar por la vida cuando no haces más allá de lo que se requiere hacer y puede que nunca sepas lo que podrías haber alcanzado si únicamente hubieras estado dispuesto a dar un poco más de tu parte. Las mayores oportunidades siempre van hacia aquellos que tienen una afinidad por el trabajo duro y no una alergia hacia él.

14 DE NOVIEMBRE

Si tienes algo que no necesites, dáselo a alguien que si lo requiera. Este favor se te regresará tarde o temprano de una u otra manera

Ya sabes ahora lo importante que es ofrecer un servicio gratuitamente a tu comunidad sin esperar nada concreto a cambio. También sabes la importancia que tiene acompañar esta acción de valores personales intangibles como la amabilidad y generosidad con que lo haces. Pero también es cierto que cualquier prestación de un servicio que hagas tiene un efecto sobre los valores de tu comunidad. Tus acciones son una suave y firme señal para los demás de la importancia de ser participativo y dadivoso y a la vez constituye hacia los demás un recordatorio de la satisfacción personal que deja este tipo de acciones. Eencontrarás que inspirarás a otros a que hagan acciones similares en diferentes áreas, creando un efecto dominó que se extenderá mucho más allá de lo que tú solo puedes hacer. Por este contagio de entusiasmo la comunidad en la que vivas se convertirá en un lugar mejor, y tú serás más feliz de ser parte de ella.

15 DE NOVIEMBRE

Cita tomada del Libro "Piense y hágase Rico" de Napoleón Hill

Los que han cultivado el hábito de la persistencia parecen disfrutar de un seguro contra el fracaso. No importa cuántas veces sean derrotados porque finalmente llegan a la cima de la escalera. Algunas veces parece que existe un guía oculto cuyo deber es probar a los hombres mediante toda suerte de experiencias decepcionantes. Aquellos que se levantan rápidamente después de la derrota y siguen hacia delante siempre llegan; y el mundo grita: ¡Bravo, yo sabía que lo harías! Ese guía oculto no permite que nadie disfrute de un logro sin haber pasado antes por la prueba de la persistencia. Los que no la superan con calificación favorable jamás llegan a graduarse.

16 DE NOVIEMBRE

Has notado que generalmente el trabajador más efectivo es quien está más ocupado

La gente exitosa son personas ocupadas. Evitan la pereza y constantemente están a la búsqueda de nuevos desafíos y mejores cosas por hacer. Cuando los demás descubren que eres una persona considerada, servicial, y entusiasta, pronto te ganas la confianza de quienes te rodean y rápido se denota un aumento en el número de gentes dispuestas a colaborar contigo. Las tareas más difíciles se vuelven mucho más soportables cuando compites contigo mismo para mejorar al realizarlas. Cuando encuentras formas más rápidas y mejores para efectuar tus actividades laborales, también encuentras más tiempo disponible para ocuparte en actividades más creativas.

17 DE NOVIEMBRE

La mente crece sólo mediante su uso, y se atrofia por su inactividad

Así como el cuerpo físico se hace fuerte a través del ejercicio regular, la mente también requiere de su empleo regular para mantenerse fuerte. Asegúrate de idear un plan que incluya tu estimulación mental. Una de las mejores formas de desarrollar tu imaginación y habilidades de visualización es a través de la lectura. Mientras lees, tu mente traduce las palabras en imágenes que te ayudarán a entender mejor los conceptos que estás leyendo, convirtiéndote en un lector voraz. Lee periódicos, revistas especializadas, libros de autoayuda y novelas, todos contribuyen a tu acervo de conocimientos y a crecer tu capacidad para visualizar y utilizar más eficazmente tu imaginación.

18 DE NOVIEMBRE

La mente nunca se cansa, pero algunas veces se aburre con el "alimento" que recibe

Los expertos en computación utilizan el acrónimo GIGO (entrada y salida de basura) para ilustrar el hecho de que la computadora puede procesar únicamente la información que se le proporciona. Lo mismo es válido en el caso de tu mente. Si alimentas a tu mente con comida nutritiva y saludable, te volverás fuerte y ágil, pero si la restringes a una dieta regular de "comida chatarra mental" tu mente se volverá poco saludable, negativa e improductiva. El resultado será directamente proporcional a la alimentación que reciba. Por ello alimenta a tu mente con una dieta debidamente balanceada y nutritiva. Estudia toda información que provenga de campos del conocimiento que te ayuden a estar al día con tus conocimientos generales. De este modo puede que encuentres que las mejores ideas puedan generarse de áreas no familiares para ti completamente.

19 DE NOVIEMBRE

Eres más propenso a "oxidar" tu cerebro por su falta de uso que a desgastarlo por su uso excesivo

A diferencia de un dispositivo mecánico que con el tiempo se desgasta y debe ser reemplazado si se utiliza continuamente, la mente crece más fuerte sólo cuando se le usa más activamente. Su falta de uso, sin embargo, tendrá el mismo efecto sobre tu mente como se tiene en una máquina que no se usa. La más compleja e intrincada máquina más poderosa del mundo y las mentes más brillantes se llegan a "oxidar" cuando no se utilizan. A menos que manejes horarios disciplinados para dejar tiempo para el estudio y el aprendizaje, es fácil ceder a la tentación de derrochar tu tiempo libre en pasatiempos improductivos y escapistas. La relajación es importante, pero también lo es obtener nuevos conocimientos. Asegúrate de que tu programación diaria incluya una asignación de tiempo para ambas actividades.

20 DE NOVIEMBRE

Cita tomada del Libro "Piense y hágase Rico" de Napoleón Hill

Hay muchísima gente que rehúsa arriesgarse en el campo de los negocios porque teme a las críticas en el caso de que fracasen. En tales casos, su temor a la crítica es mucho más fuerte que su deseo de alcanzar el éxito. Existen muchísimas personas que rehúsan marcarse altos objetivos en su vida o incluso se niegan a seleccionar una carrera porque temen a las críticas de parientes y amigos que pueden decir: "No apuntes tan alto porque la gente va a creer que estás loco". No hagas caso y solo enfócate en pensar que el momento de acariciar una idea es cuando nace. El temor a la crítica está en el fondo de la destrucción de gran parte de esas ideas que nunca llegan a alcanzar su planificación y etapa de acción. ¡Sigue adelante!

21 DE NOVIEMBRE

Lo peor de la preocupación es su poder de contagio que tiene en los demás familiares de tu entorno

Las preocupaciones, son como ovejas que se juntan hasta formar rebaños. Una preocupación nos lleva a otra, y así sucesivamente hasta abrumarnos por el potencial de problemas con los que tenemos que lidiar. Cuando te permites jugar al "¿y si hubiera hecho esto o aquello?" para especular sobre los problemas adicionales que una determinada decisión pudiera haber provocado, las preocupaciones se multiplican y al final no logras resolver nada en absoluto. Así que cuando quieras formularte esas preguntas, hazlo pero con la finalidad de encontrar soluciones. Enfócate en las soluciones, no en los problemas que estas dudas puedan generar. Sin embargo, ten cuidado porque tus preocupaciones graves pueden aparecer despertándote repentinamente a media noche, cuando esto ocurra analízalos con cuidado y verás que cada problema tiene una solución.

22 DE NOVIEMBRE

Con tu pensamiento puedes enderezar o arruinar casi cualquier circunstancia de tu propia vida

Ninguna acción se lleva a cabo a menos que sea precedido por el pensamiento. Si no estás satisfecho con las circunstancias en que te encuentras, puedes mejorar tu situación a través del poder del pensamiento, pero recordando siempre que se puede destruir toda una vida positiva, con el sólo hecho de tener pensamientos negativos. El éxito comienza con un análisis honesto de tu condición actual, la aceptación de la responsabilidad de tu propia vida, y el desarrollo de un plan viable para lograr lo que deseas.

23 DE NOVIEMBRE

Siempre son los menos aquellos que hacen su trabajo sin quejas ni excusas de por medio

Si realmente estudias y analizas a los que han llegado a la cima de cualquier organización, encontrarás que son personas que aceptan de buena gana los retos, toman la iniciativa y hacen el trabajo. No se quejan, y no ponen excusas. Aquellos que nunca llegan a ninguna parte en sus trabajos y profesiones parece que no entienden que quienes logran el éxito no lo consiguen por el sólo hecho de llegar a la cima sino por su constancia y forma de conducirse durante todo su trayecto hasta el logro de sus metas. Puedes fácilmente convertirte en una de esas personas, que regularmente avanzan en cualquier organización, si estás dispuesto a pagar el precio. Cualquier buen administrador te dirá que el tipo de gente que más se requiere en cualquier empresa son aquellos que pueden pensar por sí mismos, que toman la iniciativa para hacer lo más conveniente sin que se lo digan, y quienes no se despegan de su trabajo hasta verlo concluido correctamente. Tú puedes ser una de esas personas, simplemente decídete a serlo.

24 DE NOVIEMBRE

Algunas personas se asemejan a un reloj barato cuando no son confiables

Sería poco realista esperar que un reloj barato, producido en serie, pueda tener el mismo grado de precisión que una fina obra de relojería como lo es un reloj Rólex, ya que no se hacen con la misma calidad de materiales ni con la misma mano de obra. Pasa lo mismo con nuestro carácter, a veces pensamos que nuestro valor principal, que somos nosotros mismos, no requiere de atención y cuidados. Nunca dejes al azar algo tan importante como lo es tu carácter. Escoge los rasgos de carácter que más admiras, y trabaja para su desarrollo. No te desanimes cuando te tropieces. La formación del carácter es un proceso que lleva toda una vida para completar. Afortunadamente, como todo lo demás, entre más trabajes en la formación de tu carácter mejor te irá en la vida.

25 DE NOVIEMBRE

Cita tomada del Libro "Piense y hágase
Rico" de Napoleón Hill

La persistencia cambia el carácter de un hombre al igual que el carbono cambia al quebradizo hierro en acero invencible. La persistencia desarrollará en ti un mágico cociente de sentido monetario y tu subconsciente trabajará continuamente para lograr el dinero que desees conseguir.

26 DE NOVIEMBRE

Las malas palabras son un signo de vocabulario inapropiado
o de juicios equivocados, o un signo de ambos defectos

Mark Twain alguna vez hizo la observación de que "la diferencia entre las palabras correctas y las palabras casi correctas equivale a la diferencia entre la luz y la luz de una luciérnaga". Nunca es apropiado utilizar la irreverencia o malas palabras entre grupos de gentes que no conozcas bien. En vez de eso, construye tu vocabulario leyendo y estudiando de tal forma que puedas expresarte con sencillez y elocuencia. Cuando expandes el número de palabras que sabes, también expandes tu mente, porque el conocimiento de las palabras y sus significados requieren del conocimiento de los conceptos que están detrás de ellas. Asegúrate siempre de apartar cierto tiempo a diario para el estudio y la reflexión.

27 DE NOVIEMBRE

O eres honesto o deshonesto pero no puede haber
medias tintas entre ambos rasgos de carácter

Los oficiales de policía que frecuentemente lidian con ladrones y defraudadores dicen sorprenderse de las pequeñas cantidades de dinero por la que llegan a perder su dignidad muchos de estos criminales. Algunas personas venden su integridad por una miseria. Para los individuos, el comportamiento deshonesto no es una ocurrencia ocasional es una forma de vida. Quienes incurren en pequeñas mentiras son iguales a quienes roban insignificancias porque ambos venden su integridad. Cuando miras hacia atrás tu camino recorrido, ¿puedes hacerlo con el orgullo de saber que siempre has sido honesto? Si no puedes, tal vez es hora de reflexionar y ver porque elegiste ese camino. ¿Por qué lo hiciste? ¿Valió la pena? ¿No hubiera sido mejor haber sido honesto y confiable en esas circunstancias? Aprende de tus errores y comprométete a que a partir de este día en adelante siempre serás honesto.

28 DE NOVIEMBRE

El respeto por uno mismo es el mejor medio de ganarse el respeto de los demás

¿Has conocido gentes que no soportan estar solos ni siquiera por momentos? Eso ocurre cuando hablamos de tipos que no se quieren a si mismos. Estas gentes necesitan que haya personas alrededor para validar su existencia constantemente. Tristemente, estas gentes son generalmente la mayoría. Dado que no se quieren a si mismo, por lógica los demás raramente los toman en cuenta. La forma más segura de ganarse el respeto de los demás es volviéndose una persona que se respete a si misma. Identifica las características que más admiras en las demás personas y haz un esfuerzo consciente para desarrollara esos atributos. El respeto a si mismo comienza a crecer desde el momento que decides dar el primer paso hacia el objetivo de convertirte en el tipo de persona que sabes puede llegar a ser exitosa.

29 DE NOVIEMBRE

El exceso de franqueza puede enfurecer o deprimir a los demás exageradamente. Hay que ser cauteloso para decir lo que pensamos

Los niños en edad escolar a veces practican un juego llamado "Honestidad". Las reglas son simples: Por un determinado período de tiempo, los participantes deben decir la verdad sin importar el tema. A continuación, deben hacerse preguntas tales como, "¿Te gusta mi pelo?" "¿Crees que Lindsay es linda?" Es inevitable que alguien se enoje cuando alguien del grupo descubre que alguien de los participantes ha ocultado la verdad diciendo "pequeñas mentiras blancas", para no herir los sentimientos de alguien en particular. Incluso cuando el juego ha terminado, estas mentiras piadosas no se olvidan pronto. Ser honesto con los demás no significa ser brutal. No es necesario decirle a la gente todo lo que a uno no nos gusta acerca de ellos con el pretexto de pecar de sinceros y "por su propio bien.". A veces es mejor no herir los íntimos sentimientos de cada persona si desconocemos como pueden reaccionar. El respeto por la autoestima de los demás a menudo significa ser cautos y por ello sé prudente en sólo decirles parte de la verdad de lo que pensamos de ellos.

30 DE NOVIEMBRE

La constancia de propósito es el primer principio del éxito

Es crítico para alcanzar el éxito que tengas un plan bien definido y bien pensado para tu vida y que te apegues a ese proyecto independientemente de lo que los demás digan y de los obstáculos que encuentres en el camino. Siempre habrá personas que le encuentran la parte negativa a todo y que te trataran de convencer de que no valdrá la pena esforzarte para conseguir tus objetivos. Esas gentes nunca Irán muy lejos, y serán los primeros en pedirte ayuda después de que tú los hayas superado en todos los aspectos. Virtualmente toda persona exitosa enfrenta la difícil decisión de renunciar a sus propósitos en algún punto de su esfuerzo por alcanzar la cima. Y normalmente muchos eventos ocurren poco después de que estas mismas gentes enderezan el rumbo y siguen en sus propósitos. No hay obstáculo conocido que no se pueda superar cuando se tiene Constancia de Propósito, una Actitud Mental Positiva, Disciplina y fuerza de voluntad para lograr el éxito.

DICIEMBRE

1 DE DICIEMBRE

Nunca serás más grande que los pensamientos que dominan tu mente

Se dice que es verdad que te conviertes en lo que estás convencido que eres, por lo tanto la cantidad y calidad del éxito que logres en la vida será en proporción directa a la magnitud de tus pensamientos. Si permites que a tu mente la dominen temas intrascendentes y triviales, tus pensamientos probablemente serán insignificantes en importancia. Disciplínate para pensar principalmente en cosas importantes. Ponte al día en lo que haya de novedoso en tu campo profesional y de lo más reciente que suceda en el mundo. Haz una lista de buenas ideas que puedas usar en cualquier momento que busques soluciones creativas a problemas reales. Recuerda, las mentes pequeñas piensan acerca de cosas; mientras que las grandes mentes piensan acerca de ideas.

2 DE DICIEMBRE

Comenzar cualquier proyecto de tu vida desde la cima, tiene el inconveniente de que solamente puedas moverte en una sola dirección – hacia abajo

Quizás lo peor que pudiera sucederte sería haberte criado con pañales de seda. Cuando se nace con muchos privilegios, se priva uno mismo de uno de los mayores regalos de la vida: la oportunidad de alcanzar los niveles más altos del éxito en base solamente a tus propios esfuerzos y méritos. Cuando naces con más privaciones que privilegios, no resientes el hecho de que otros pudieran tener más ventajas que tú. La verdad es que la ventaja es tuya, con ella desarrollas la autoconfianza necesaria para enfrentar los desafíos de la vida en sus propios términos. Conforme avanzas en la vida, te ganas la fortaleza y el conocimiento necesario para obtener un éxito duradero, lo cual no se regala sino más bien se gana en base a tu propio esfuerzo.

3 DE DICIEMBRE

El remedio efectivo más conocido

Las emociones son a veces extrañas, volátiles e impredecibles. No siempre responden a la lógica y la razón. Lo hacen, sin embargo, respondiendo a la acción. Si tienes sentimientos ocasionales de soledad, desánimo o descontento, la mejor manera de matar a tales emociones negativas es trabajar en ellos hasta eliminarlos. Casi nada es tan malo como parece a primera vista, y no hay nada como un día de trabajo duro para poner todo en su justa perspectiva. Cuando comienzas a sentir emociones negativas, lo peor que puedes hacer es vivir inmerso en tus infortunios. Haz lo posible por sacarlos de tu mente y pensar en algo más positivo, en cosas más constructivas. El trabajo físico puede ayudar. Elige una tarea que no requiera una gran concentración y, a continuación enfócate en el cumplimiento de la tarea en cuestión.

4 DE DICIEMBRE

Los dos tipos de personas que nunca salen adelante son aquellos que hacen sólo lo que se les dice y los que no obedecen lo que se les pide

Es difícil decir que sería más desalentador: ¿ir a la deriva de un trabajo a otro por ser siempre los primeros en ser despedidos?, o, ¿trabajar en la oscuridad monótona de un mismo trabajo? Lo primero se da como resultado de no cumplir con lo que se te ordena, y la segunda condición es el resultado de hacer estrictamente lo que se te pide sin desarrollar imaginación ni iniciativa. Puedes desperdiciar tu tiempo desarrollando cualquiera de estas dos condiciones y nunca saldrás adelante. La iniciativa personal es lo más valorado en nuestro entorno laboral actual de alta tecnología y tantos avances, en comparación a como lo fue en el pasado, donde obedecer pasivamente era lo más preciado. Mientras que la tecnología hace obsoleta muchas de las funciones de supervisión, a la par se espera de nosotros más capacidad de gestión, mayor exactitud en la determinación de recursos necesarios de producción, y sobre todo acción. No esperes pasivamente a que te digan que hacer. Conoce tu empresa y tu trabajo lo mejor que puedas como para anticiparte en lo que hay que hacer para volver más productiva tu área, y ya que tengas todo eso, actúa y hazlo. Deja de dar explicaciones y empieza a actuar!

5 DE DICIEMBRE

Cita tomada del Libro "Piense y hágase Rico" de Napoleón Hill

El dinero es tímido y esquivo. Debe conquistarse y ganarse por medio de métodos no muy diferentes a los empleados por un determinado pretendiente que persigue a la muchacha que ama. Y es coincidencia que el poder empleado en el acto de "hacer la corte" al dinero no sea muy diferente al utilizado cuando se corteja a una muchacha. Ese poder, cuando se emplea con éxito en la persecución del dinero, debe ir mezclado con la fe. Debe ir mezclado, asimismo, con el deseo. Y debe ir mezclado con la persistencia. Debe aplicarse mediante un plan, y ese plan es preciso ponerlo en acción para la consecución del éxito.

6 DE DICIEMBRE

Nadie puede montar un caballo cuando éste descubre su verdadera fuerza física. Lo mismo aplica para las personas

Los caballos son delicadas criaturas enormes, que por mucho son más grandes y fuertes que los hombres que los montan, sin embargo, están domesticados y obedecen dócilmente las órdenes que reciben. Por ello pareciera no ser lógico que un animal grande y poderoso se deje dominar por un ser humano, lo que pasa es que debido a nuestra inteligencia hemos sido capaces de dominar al reino animal. Tú puedes utilizar esta misma fuerza para permitir que el lado positivo de tu persona pueda dominar lo negativo. Tener una actitud mental positiva te permite aprovechar ese gran acopio de fuerza y poder que reside dentro de ti, y esto contribuye para que logres cosas que antes creías imposibles de alcanzar.

7 DE DICIEMBRE

Tu actitud mental determina el tipo de amigos que atraes

Si quieres ser una persona positiva y exitosa, asegúrate de elegir a tus amigos con cuidado. Los amigos positivos y modelos de conducta tendrán un efecto positivo sobre ti, mientras que los amigos negativos pronto matarán tu iniciativa. No permitas dejarte llevar por la complacencia de las masas que creen que la mediocridad es una alternativa aceptable. Enfócate en las posibilidades de éxito, no desarrolles el potencial para el fracaso. Cuando dudes de ti mismo, habla de la situación con un amigo positivo para obtener apoyo. Todo el mundo necesita un empujón de vez en cuando; asegúrate de que tus amigos sean gente positiva, orientada hacia el éxito y en búsqueda constante de acumular logros, no pensadores negativos, que siempre parecen encontrar una manera de derribar todo a su paso y puedan destruirte en su nefasto propósito.

8 DE DICIEMBRE

La mayoría de las enfermedades comienzan a partir de una actitud mental negativa

Se ha probado una y otra vez, que la gente hipocondríaca, que son aquellas personas que están convencidas de que están enfermos a pesar de que no hay nada malo con ellos, experimentan, sin tener la enfermedad, los mismos síntomas de la enfermedad real. Para ellos, la enfermedad es tan real que experimentan el mismo quebranto de salud que produce las enfermedades reales. También es muy común que la gente enferme por efecto de una constante preocupación y el miedo al fracaso, ya que la mente se esfuerza incesantemente por hacer realidad las cosas que pensamos acerca de la mayoría. Por eso es aconsejable que protejas tu salud mental con el mismo esmero y cuidado que le proporcionas a tu cuerpo físico. Y ten cuenta que al igual que tu cuerpo necesita de alimentos sanos, nutritivos, y una dieta equilibrada, también así lo requiere tu mente. Aliméntate y nútrete a plenitud de pensamientos positivos.

9 DE DICIEMBRE

Puedes hacerlo si crees que puedes

Se llama "profecía autocumplida" cuando algo que ocurre, lo supusimos que así pasaría. La mente se construye de tal manera que constantemente trata de ubicar en la realidad física aquellas cosas en las que nuestra mente se enfoca más. La mayoría de nosotros nunca nos damos cuenta del enorme potencial que poseemos, porque no estamos dispuestos a creer que podemos lograr muchas cosas que otros creen que son imposibles de realizar. Los trabajos "Imposibles de conseguir" obviamente requieren de mayor esfuerzo y mayor concentración, pero cuando se consiguen y se destaca en ellos eficientemente, los beneficios, tanto económicos como sicológicos son acordes con el esfuerzo requerido. Posiblemente no logres todo lo que te propongas, pero no lograrás nada a menos que creas que lo puedes hacer.

10 DE DICIEMBRE

Cita tomada del Libro "Piense y hágase Rico" de Napoleón Hill

La pobreza y la riqueza cambian a menudo de lugar... Cuando las riquezas ocupan el lugar de la pobreza, el cambio tiene lugar generalmente a través de planes muy bien concebidos y cuidadosamente ejecutados. La pobreza no necesita ningún plan. No necesita que nadie la ayude, porque es audaz y cruel. Las riquezas son tímidas y esquivas. Tienen que ser "atraídas."

11 DE DICIEMBRE

Quien no tiene la fuerza de voluntad para mantener en buenas condiciones físicas su cuerpo, carece también de la fuerza de voluntad para mantener una actitud mental positiva en otras circunstancias importantes que controlen su vida

Una actitud mental positiva no se desarrolla con la simple intención de reemplazar los pensamientos negativos por su equivalente positivo. Más bien se trata de un compromiso sostenido que requiere de disciplina personal, o sea, el mismo tipo de disciplina que se requiere para mantenerte en forma y mantener tu salud física. Es un compromiso que debe ser reforzado a diario, o de lo contrario se olvida pronto y queda sepultado como un montón de chatarra de buenas intenciones. Cuando tomas las riendas de tu destino y determinas decididamente tu intención de vivir de manera positiva en todos los aspectos de tu vida física y mental, recibes como recompensa un beneficio adicional. El mantenerte físicamente activo, te ayuda también a reforzar tu actitud mental positivamente, y esto, a su vez, te ayudará a mantenerte en mejores condiciones de salud.

12 DE DICIEMBRE

La sabiduría consiste en conocer y discernir lo que quieres y no quieres en la vida

Tus objetivos deben ser diseñados para crear beneficios que sean importantes para ti, no para otras personas. Un poco de experimentación puede ser necesario, especialmente durante tus primeros años, para encontrar lo que realmente te gusta y descubrir en lo que eres mejor. Tu carrera y tus metas financieras deben estar equilibrados con tus objetivos personales, como lo es por ejemplo, el mantener relaciones con aquellas personas que sean importantes para ti. Tu plan de vida también deberá incluir algunos objetivos divertidos, para que disfrutes haciendo lo que hagas. El desarrollo espiritual es también importante para convertirte en una persona feliz y realizada. Asegúrate de disponer de tiempo para todos los aspectos importantes de tu desarrollo personal.

13 DE DICIEMBRE

Si no sabes lo que quieres, no te quejes de la falta de oportunidades

Las gentes que se queja reiteradamente de no tener nunca oportunidades de sobresalir en la vida, suelen ser aquellas que siempre tienen una excusa para sus fracasos. Según ellos, no tienen la culpa de la falta de oportunidades, sino que son víctimas del destino, la mala suerte, su entorno, la educación insuficiente, o cualquier número de otros factores a los que atribuyen la causa de sus infortunios. Si buscas, siempre encontrarás razones para no intentar algo más o no durar en los empleos por mucho tiempo. La gente exitosa, sin embargo, no se excusa de decisiones. Asumen la responsabilidad de sus acciones, establecen metas, y asumen la responsabilidad de sus logros. Donde otros ven la desesperación, ellos ven la esperanza. Se acercan a cada situación con entusiasmo, y con la convicción en el convencimiento de que nada es imposible para aquellos que tienen una actitud mental positiva.

14 DE DICIEMBRE

Las medallas y los títulos no cuentan cuando mueres, son tus obras y lo que has hecho de tu vida lo que contará

Es un principio fundamental del cristianismo, y en muchas otras religiones, que en la otra vida después de la muerte la única medida real del éxito será cómo hayas vivido tu vida, y no la cantidad de dinero que hayas acumulado. Sea cual fuere tu fe, en todo caso puede ser una buena regla de comportamiento cotidiano vivir tu vida de tal modo que cuando llegue a su fin puedas tener el orgullo de que has hecho una diferencia en las vidas de aquellos que te han conocido. Es fácil en la vorágine de la vida cotidiana perder de vista las verdaderas riquezas de la vida, las cosas que realmente importan. Al respecto, la sicóloga Ilona Tobin define al éxito real como el hecho de "dar y recibir amor, tener salud física y mental, contar con la suficiente riqueza para contar con opciones, y el tiempo para disfrutar de todas esas riquezas". Sea cual fuere tu definición personal del éxito, asegúrate de que incluya una medición sana de las cosas verdaderamente importantes de la vida.

15 DE DICIEMBRE

Cita tomada del Libro "Piense y hágase Rico" de Napoleón Hill

Puede dominarse un río durante cierto tiempo mediante una presa, pero no cabe duda de que más tarde o más temprano sus aguas busquen una salida. Lo mismo se puede decir sobre la emoción sexual. Puede sumergirse y dominarse durante cierto tiempo, pero su misma naturaleza siempre buscará medios de expresión. Si no se transforma en algún esfuerzo creador hallará una salida de valor mucho más inferior.

16 DE DICIEMBRE

Si piensas que puedes comprar tu camino al cielo con el dinero solamente, lamentarás no haber convertido todo ese dinero en buenas obras y acciones

Si pasarás por una tragedia terrible, y tuvieras que morir inevitablemente el día de mañana, ¿cómo se leería tu epitafio? ¿Qué recordarían de ti los demás? En ese análisis final, los seres humanos siempre seremos recordados por nuestras buenas obras, no por el dinero que hayamos acumulado durante nuestras vidas. Y esto se puede ver cuando esa riqueza material se convierte en la causa de desacuerdos entre herederos, mientras que las buenas obras que se hayan hecho quedan como un grato recuerdo y perduran más allá de la muerte. A medida que acumules riquezas, dedica una parte de ellas y parte de tu tiempo a causas que beneficien a los que son menos afortunados que tú.

17 DE DICIEMBRE

El valor de las acciones depende del coraje que requieren

Las gentes comunes que hacen cosas extraordinarias para los demás son a las que llamamos héroes. Cuando a estas personas se les pregunta como le hicieron para realizar esas hazañas, responden a menudo: "Es algo que pudo haberlo hecho cualquiera en las mismas circunstancias." Tal vez esa es su manera de decir que todos tenemos la capacidad para las hazañas. Pero se ha comprobado que solo cuando somos sometidos a pruebas extremas de sobrevivencia es cuando desarrollamos nuestros niveles más altos de competencia. Acostúmbrate a realizar hazañas y conviértete en una persona que hace las cosas correctas cuando enfrentas desafíos y en un triunfador que logra el éxito en todo lo que hace. Si desarrollas el hábito de tomar acciones y ser emprendedor, incluso ante aquello que parezca intrascendente e insignificante, formarás un carácter de determinación y seguridad en ti mismo que te ayudará a solventar situaciones importantemente difíciles, y por ello al dejar que tus acciones hablen por ti, nunca tendrás que preocuparte de que los demás reconozcan tus atributos y méritos.

18 DE DICIEMBRE

La persona que únicamente realiza el trabajo necesario para sobrevivir, raras veces logra algo más de "lo necesario"

Existe una relación de causa y efecto entre tus acciones y lo que obtienes por realizarlas. Cuando pones más de ti mismo en tu carrera, tus relaciones personales, tu fe religiosa, y cualquier otro aspecto de tu vida, obtienes más provecho de todas esas acciones. Al poner tu mayor esfuerzo por ser mejor cada día serás realmente feliz con la empresa para la que trabajas, tu trabajo, y contigo mismo. Tu más duro crítico y más feroz competidor debes ser tu mismo.

19 DE DICIEMBRE

No importa lo que los demás dejen de hacer lo que cuenta es lo que tú haces

Si dependes de los demás para tu éxito, estás entonces condenado a una vida de fracaso y desesperación. Es muy triste comprobar el hecho de que algunas personas constantemente incumplen con lo que prometen. En vez de lamentarte y justificarte de que los demás no movieron un dedo para ayudarte, céntrate en lo que puedes hacer para ayudarte a ti mismo. El mejor plan de acción es aquel que beneficia y proporciona oportunidades para todos los que intervienen en ayudarte en el logro de tus metas, pero siempre y cuando no dependas completamente de esas personas para alcanzar el éxito.

20 DE DICIEMBRE

Cita tomada del Libro "Piense y hágase Rico" de Napoleón Hill

Puede dominarse un río durante cierto tiempo mediante una presa, pero no cabe duda de que más tarde o más temprano sus aguas busquen una salida. Lo mismo se puede decir sobre la emoción sexual. Puede sumergirse y dominarse durante cierto tiempo, pero su misma naturaleza siempre buscará medios de expresión. Si no se transforma en algún esfuerzo creador hallará una salida de valor mucho más inferior.

21 DE DICIEMBRE

Una persona de recursos siempre aprovechará la oportunidad para satisfacer sus propias necesidades

La capacidad de reconocer las oportunidades es un elemento crítico del éxito, pero es sólo el comienzo. Una idea es valiosa sólo si lo pones en práctica. Las personas altamente exitosas saben que hay muchas maneras de aprovechar una oportunidad. La evalúan y le dan forma para que se adapte a sus necesidades, o arman un equipo compuesto por personas con las habilidades necesarias para aprovecharla al máximo y ponerla a trabajar. En los negocios es raro encontrar sólo una posible respuesta, es más común encontrar muchas respuestas a la vez.

22 DE DICIEMBRE

Vive cada día como si fuera el último de tu existencia, y desarrollarás un agudo sentido de la oportunidad

Si te quedará sólo un día más de vida, ¿te imaginas la agudeza que desarrollarían tus sentidos?. La belleza de la naturaleza y los placeres más simples de la vida, serían indescriptiblemente maravillosas para ti, y cada momento se convertiría en una oportunidad invaluable de pasar tiempo de calidad con tu familia y fortalecer tus relaciones con los amigos, conocidos y colegas de trabajo. Cada pensamiento sería como un rayo de láser intenso en estado muy concentrado. Bueno, pues haz de cuenta que a partir de hoy cada día será el último y lo aprovecharás al máximo. No permitas que se pase de largo sin aprovecharlo totalmente.

23 DE DICIEMBRE

¿Eres de las personas que esperan que el éxito te llegue, o eres de los que salen a buscarlo con sed de triunfo?

Si estás esperando que el éxito te llegue, indudablemente te llevarás un gran desengaño. El éxito no es algo que sea forzado ni que te tome de sorpresa. Debes prepararte para conseguirlo y activamente buscarlo siempre que tengas en mente ser una persona exitosa en la vida. Constantemente mantente alerta a todo cambio que ocurra en tus negocios o profesión. Suscríbete a publicaciones de negocios o empresariales, incorpórate a asociaciones industriales o sociedades de profesionistas, y relaciónate con expertos en tu campo profesional para mantenerte actualizado en las nuevas innovaciones y desarrollos.

24 DE DICIEMBRE

Muéstrame cómo ahorrar diez centavos en cualquier operación de una planta, y te mostraré como conseguir un ascenso en tu trabajo

Al buscar maneras de ahorrar dinero para tu empresa, asumes la postura de un gerente o dueño. Todo aquel que se precie de ser buen administrador sabe que en una operación de manufactura de alto volumen el simple ahorro de unos pocos centavos, en cualquiera de sus procesos, rápidamente puede llegar a ascender en su conjunto a miles de dólares. Y una persona que descubre la manera de ahorrarle a su empresa miles de dólares queda destinado para el éxito en su trabajo, y con ello se convierte en alguien demasiado valioso para dejarlo ir. Ninguna otra persona conoce su trabajo tan íntimamente como tú. Motívate para mejorar continuamente compitiendo contigo mismo. A medida que realices una tarea específica, busca atajos que te ayuden a terminar más rápido. Utiliza el tiempo que ahorras para analizar otras partes de tu trabajo y ofrécete de voluntario para ayudar a otros con tareas difíciles o lentas de resolver, o para hacer frente a una nueva misión, más gratificante.

25 DE DICIEMBRE

Cita tomada del Libro "Piense y hágase Rico" de Napoleón Hill

Hay abundancia de pruebas que apoyan la creencia de que el subconsciente es el eslabón que une la mente finita del hombre con la inteligencia infinita. Es el intermediario a través del cual uno puede usar a su gusto las fuerzas de la inteligencia infinita. Es el que contiene el secreto proceso por medio del cual los impulsos mentales se modifican y cambian en su equivalente espiritual. Es el medio a través del cual la oración puede trasmitirse a la fuente capaz de responder a tal oración.

26 DE DICIEMBRE

No pases por alto los detalles. Recuerda que el universo y todo lo que existe en él, está compuesto de pequeños átomos

Hay una vieja expresión que dice: "Si te preocupas de las pequeñas cosas, las cosas más grandes se harán cargo de sí mismas." Es otra manera de decir que cada trabajo se compone de muchos pequeños detalles, y si uno de ellos se pasa por alto, puede generar grandes problemas más tarde. Si tienes problemas para lidiar con papeleos, documentos, cuentas de gastos, y otros detalles molestos, aparta un momento de tu rutina laboral (diaria, semanal o mensualmente) para resolver esas tareas desagradables. Prepárate mentalmente para hacer frente a esas tareas, y posiblemente prescindas de ellos de forma rápida y eficiente. Puedes incluso encontrar que el trabajo no era tan desagradable como en un principio pensabas que lo era.

27 DE DICIEMBRE

Nadie puede tener éxito y seguirlo teniendo sin la cooperación amistosa de los demás

En la sociedad interdependiente de hoy en día, es prácticamente imposible en cualquier negocio, profesión u ocupación de un individuo poder alcanzar grandes alturas de éxito sin la ayuda de los demás. Y la mejor manera de conseguir la cooperación amistosa de los demás es predicando con el ejemplo. Por ejemplo, alienta a los demás y ayúdalos a que avancen en sus carreras siempre que sea posible, de ese modo la mayoría responderá en reciprocidad cuando necesites de su ayuda. Siempre que puedas, da genuinamente y con generosidad, y la vida te premiará del mismo modo.

28 DE DICIEMBRE

Cita tomada del Libro "Piense y hágase Rico" de Napoleón Hill

Todo cuanto la persona crea se inicia por un impulso del pensamiento. La persona nada puede crear que antes no haya concebido primero como pensamiento. Mediante la ayuda de la imaginación, los impulsos pueden reunirse para formar planes. La imaginación, cuando se domina, puede utilizarse para la creación de planes o propósitos que conducen al éxito en la ocupación que uno haya elegido.

29 DE DICIEMBRE

Si eres rico te rodearás de conocidos, pero si deseas tener amigos tienes que saber ser un amigo

No hay nada como el dinero para volverte atractivo y atrayente a los demás. Pero, por supuesto, el tipo de personas que se sienten atraídos sólo por lo que puedes hacer por ellos, puedes llamarlos de mil maneras, pero nunca amigos. Puedes tener muchos conocidos que mágicamente aparecerán en tu vida cuando te conviertes en rico, pero independientemente de la posición que puedas tener en la vida, nunca tendrás verdaderos amigos a menos que sepas ser un verdadero amigo con los demás. Sé cauteloso al elegir a tus amistades. Busca la amistad de personas positivas que empaticen contigo en tus gustos y aspiraciones, y que sean el tipo de gente que te motive a crecer personal y profesionalmente, que te animen a ser tú mismo y a ser una mejor persona cada día.

30 DE DICIEMBRE

Cita tomada del Libro "Piense y hágase Rico" de Napoleón Hill

Las emociones positivas y negativas no pueden ocupar la mente al mismo tiempo. Las unas o las otras han de dominar. En todo caso tu responsabilidad es asegurar el hecho de que las emociones positivas constituyan la influencia dominante en tu mente. Y es aquí en donde viene en tu ayuda la ley del hábito. Acostúmbrate a la aplicación y uso de las emociones positivas. Eventualmente dominarán tu mente tan por completo, que las negativas no podrán entrar en ella.

31 DE DICIEMBRE

Un verdadero amigo es aquel que sabiendo todo acerca de ti mantiene siempre una actitud de respeto por tu intimidad

Un verdadero amigo es un regalo invaluable. Cuando revelamos nuestras esperanzas, nuestros sueños y nuestros secretos más profundos a los demás, y ellos corresponden con respeto y discreción a nuestra confianza, esas personas demuestran con esa acción ser verdaderos amigos. Con demasiada frecuencia, la única razón por la que otros se acercan a nosotros es con algún tipo de interés de por medio. Una verdadera amistad es recíproca, ya que cada parte se beneficia por igual de la amistad. Te ganas la amistad de los demás por medio del respeto y la sinceridad. Cuando los demás te admiran, debes hacer honor a ese detalle poniendo todo lo que esté de tu parte para fomentar la lealtad en tu relación con ellos.

"LO QUE LA MENTE PUEDE CONCEBIR Y CREER,
LA MENTE LO PUEDE LOGRAR."

Napoleon Hill

Para mayor información acerca de Napoleón Hill y obras disponibles, por favor establezca contacto con los siguientes sitios:

Centro Mundial de Enseñanza Napoleón Hill
Universidad Purdue Calumet
2300 173rd Street
Hammond, Indiana 46323-2094

Directora: Judith Williamson,
Asistente & Diseño Gráfico: Uriel "Chino" Martinez
Telefonos: 219-989-3173 o 219-989-3166
Dirección electrónica: nhf@purduecal.edu

Fundación Napoleón Hill
Universidad de Virginia – Wise
Relaciones Institucionales Apt. C
1 College Avenue
Wise, Virginia 24293

Director Ejecutivo: Don Green
Asistente Ejecutiva: Annedia Sturgill
Telefono: 276-328-6700
Dirección electrónica: napoleonhill@uvawise.edu

Sitio Web: www.naphill.org

www.ingramcontent.com/pod-product-compliance
Lightning Source LLC
LaVergne TN
LVHW011228080426
835509LV00005B/388